中国古代北方民族交往交流交融丛书

胡汉交融

——汉魏时代的文化交流

张若开 著

内蒙古人民出版社

图书在版编目（CIP）数据

胡汉交融：汉魏时代的文化交流 / 张若开著. -- 呼和浩特：内蒙古人民出版社，2025.4

（中国古代北方民族交往交流交融丛书）

ISBN 978-7-204-17107-1

Ⅰ.①胡… Ⅱ.①张… Ⅲ.①古代民族－文化交流－研究－华北地区－魏晋南北朝时代 Ⅳ.①K289

中国版本图书馆CIP数据核字（2022）第008604号

胡汉交融——汉魏时代的文化交流

作　　者	张若开
策划编辑	王　静
责任编辑	卢　炀　李　鑫
责任监印	王丽燕
封面设计	刘那日苏
出版发行	内蒙古人民出版社
地　　址	呼和浩特市新城区中山东路8号波士名人国际B座5层
网　　址	http://www.impph.cn
印　　刷	内蒙古金艺佳印刷包装有限公司
开　　本	710mm×1000mm　1/16
印　　张	9.5
字　　数	140千
版　　次	2025年4月第1版
印　　次	2025年4月第1次印刷
书　　号	ISBN 978-7-204-17107-1
定　　价	88.00元

如发现印装质量问题，请与我社联系。
联系电话：（0471）3946120

编委会

主　　编：李月新

副 主 编：齐建萍　于畅夫

编　　委：孙国军　吕富华　李明华　阚　凯
　　　　　张若开　于晓娟　张　敏　李浩楠
　　　　　王　欣　白满达　敖拉乌兰
　　　　　刘江涛　任君宇

总　序

各民族交往交流交融是中华民族团结统一的重要基础。在漫长的历史发展过程中，各民族血脉交融，逐步形成牢不可破的中华民族共同体，彰显出中华民族共融共通的价值取向。习近平总书记强调："我们伟大的祖国，幅员辽阔，文明悠久。一部中国史，就是一部各民族交融汇聚成多元一体中华民族的历史，就是各民族共同缔造、发展、巩固统一的伟大祖国的历史。"对中国古代各民族交流互融的探讨，有助于深入阐释习近平总书记重要讲话精神，深化对铸牢中华民族共同体意识学理内涵、现实意义的理解。中国古代北方民族交往交流交融系列丛书就是践行深入理解铸牢中华民族共同体意识的读物。

中国古代北方民族交往交流交融系列丛书主要面向广大普通读者，共有五个专题，分别为《多元一体——先秦时代的文化交流》《胡汉交融——汉魏时代的文化交流》《参天可汗——隋唐时代的文化交流》《华夷同风——宋辽金时代的文化交流》《长城内外——明清时代的文化交流》，均以中国古代北方民族交往交流交融的历史为主线，以中华文明发展历程、中华民族多元一体格局形成为核心，以典型的文物、文化遗址或代表性人物、事件等为主题，以点带面，详细记述了中国古代北方民族在发展历程中与中原交流互动的历史,力求生动呈现中国古代北方民族交往交流交融的史实,展现中华文明延续不断的历史基因、中华民族凝聚不散的历史密码和中华民族大团结的深邃思想与丰富实践。

编写该丛书,旨在帮助读者了解中国古代北方民族交往交流交融的历史发展脉络,认识中国古代北方民族的历史是中华民族发展史的重要组成部分,在构建中华民族多元一体格局中发挥了重要作用。

绪论　胡汉交融　/ 001

上编　从白登之围到昭君出塞　/ 004

　　一、汉初和亲　/ 004

　　二、与乌孙的和亲　/ 014

　　三、呼韩邪入汉与昭君出塞　/ 022

　　四、从史料和实物中反映出的中原与
　　　　匈奴各方面的交流　/ 029

中编　从秦汉长城到关市不绝　/ 037

　　一、秦汉长城南北　/ 037

　　二、利益冲突　/ 047

　　三、互通有无　/ 053

　　四、交融一体　/ 063

下编　从塞北草原到古都洛阳　/ 080

　　一、乌桓的迁徙融合与管理　/ 080

　　二、乌桓南迁的职业分工与之后的去向　/ 108

　　三、鲜卑的迁徙与中原文明交融　/ 116

　　四、从塞北游牧到定都洛阳　/ 131

绪论　胡汉交融

中华民族历史源远流长,其自身的形成与发展也经历了一段漫长的演变,同处一片土地上的不同民族由于发展阶段的不同和自身生产方式的缺陷以及不同文化之间的多样性的沟通需求促使邻近民族的交流与交融不断进行。在战争、互市、和亲等等交流方式的推动下,中原汉族与周边少数民族逐渐融合,在共同的地域下繁衍生息,最终形成现今的中华民族。而在中华民族形成的漫长时期中汉魏时期由于其特殊的历史环境使得民族融合迎来快速发展阶段。

胡汉交融由胡汉对峙转变而来,汉朝是这一转变的关键节点。秦朝时期秦始皇"使将军蒙恬发兵三十万人北击胡,略取河南地",并且"筑长城,因地形,用制险塞,起临洮,至辽东,延袤万余里",修缮长城以阻挡匈奴入侵,维护边境稳定,此时中原对周边少数民族全面戒严,对匈奴的抵抗占据上风,民族交流甚少。至西汉初年"白登之围"后汉朝试图以和亲的方式与匈奴建立联系,赠送以大量手工艺品,与匈奴交好减少匈奴寇边现象的发生,此时民族之间"通关市"的贸易交流逐步开展,"以其所有易其所无",民族交流与融合进入一个新的阶段。

汉武帝时期西汉社会经济逐步恢复,综合实力上升,欲与西

胡汉交融——汉魏时代的文化交流

域其他少数民族联合削弱匈奴，出现了解忧公主与细君公主以政治目的为主的出塞和亲。而和亲所带来的影响除了政治利益外还有潜在的对两个区域性民族的深远影响。和亲充当了一条纽带将两个地区相连接，使纽带两端的民族对彼此有了初步的了解，随着了解的深入进一步推动两个民族进行交流，从而打通了汉朝与西域之间的联系。建元三年（前138年）张骞奉汉武帝之命出使西域，汉夷两族文化交往交流更加深入，"丝绸之路"由此形成。胡汉交融范围扩大，向外延伸，民族融合迎来新的发展。汉朝与乌孙等西域国家实现联合，大大削弱了匈奴的势力，匈奴在连年征战下人力物力消耗巨大，内部分裂为两股势力，南匈奴南下归附汉朝，并在汉朝的扶持下统一匈奴，二者恢复和亲的方式以增加双方联系，"昭君出塞"为匈奴带去先进的农业技术、生产工具以及建筑技术，使中原文化在匈奴地区得到大范围传播。"昭君出塞"直接及间接的影响推动胡汉交融进一步发展，成为民族交流与融合的典范。

长城是中原地区修筑用以抵御北方少数民族入侵、劫掠的重要防线，也是游牧文化与农耕文化的分界线，同时也是胡汉交融的标志。秦汉时期以长城为界，汉匈进行了大大小小无数次战役，随着长城防守不断戒严，匈奴逐渐放弃武力寇抄以劫掠物资的方式，逐渐转向以物资交易为主的关市贸易。汉朝时期长城一线附近关市的存在与发展是汉匈维持和平的条件之一。两族之间物资交易往来促进了关市的繁荣，也大量补允了两族生产生活物资短缺，大大促进了两族人民的经济、文化方面的交流与交融，中原文化在匈奴的广泛传播促进了匈奴农业的发展，同时推动中原文化更大范围地向外传播。匈奴文化在中原的传播丰富了中原经济、文化生活的多样性。以长城为界，形成对内对外的大范围辐射。

汉魏时期匈奴势力削弱为乌桓与鲜卑的崛起提供条件，而这两个民族的发展都对中原政权的变迁产生直接或间接的影响，鲜卑更是在中原直接建立起北魏政权，逐渐融合于胡汉交融的潮流之中。乌桓与鲜卑本都隶属于匈奴管辖，但在匈奴兵败迁徙之后摆脱匈奴控制，乌桓被汉迁到上谷、渔阳等地，并奉命为汉朝监视匈奴，东汉时期设"护乌桓校尉"进行管理。乌桓在此地生活并日益壮大，与邻近汉族交往交流日益加深。在归顺中原后，乌桓民族不同于中原士兵的勇猛使其成为战场上的一把利剑并在东汉统一战争与东汉末的战争中发挥了重要作用。其余乌桓人民也随着三次大规模南迁散落在中原边境，与当地居民共同生活，民族之间逐渐融为一体。而鲜卑则进入乌桓原驻牧地繁衍生息，东汉时期向汉朝称臣，东汉给予鲜卑以大量物资弥补游牧经济的不足。鲜卑注重于自身政治、经济方面的改革，涌现出柯比能、北魏孝文帝拓跋宏等众多改革人才，而他们改革效仿的对象便是中原王朝，选贤举能，任用汉人官员，实行汉制，孝文帝时期甚至迁都洛阳，逐步实现语言、服饰等等方面的汉化，与汉族上层联姻，把双方利益绑定在一起，从而共同实现政权的稳定。在一步步的改革过程中，鲜卑的政治、经济、文化逐渐向中原靠拢，实现了向封建制度的过渡，同时逐渐向农耕生活、定居生活转变，鲜卑内部自上而下的汉化过程，使之逐渐与中原汉族融为一体。

上编 从白登之围到昭君出塞

一、汉初和亲

1. 匈奴兴起

匈奴兴起之前,北方部族主要有"荤粥""鬼方""猃狁"等,到了春秋战国时期,这些民族逐渐消失,史书中开始出现"戎""狄"等族名,这些部族有的分布于黄河流域,有的散居在大漠南北。随着社会的发展,活动在北方地区的各族逐渐聚集在一起,经过长期的融合,在战国后期形成了匈奴部族。

头曼单于是匈奴第一位被记载于史书的单于,创建了匈奴部落联盟,在五原郡稒阳县[1]西北建立了其政治统治中心——"头曼城"。头曼单于的长子冒顿,后来成为匈奴族的新一代伟大首领。史书中记载"单于有太子名冒顿。后有所爱阏氏,生少子,而单于欲废冒顿而立少子,乃使冒顿质于月氏。冒顿既质于月氏,而头曼急击月氏。月氏欲杀冒顿,冒顿盗其善马,骑之亡归。头曼以为壮,令将万骑"。[2] 冒顿知道了父亲要废长立幼,为保全性命,

---

[1] 今内蒙古包头市东。
[2] (西汉)司马迁:《史记》卷110《匈奴列传》,北京:中华书局,1973年,第2894页。

冒顿在逃回匈奴后便决心要杀父夺位。于是，他制作了"鸣镝"（一种响箭）用以训练士兵，下令"鸣镝所射而不悉射者，斩之"。此后，他通过夜以继日的训练，逐渐树立起自己的权威：先是用鸣镝自射自己的宝马，又射杀自己的爱妻，将那些害怕、不敢射杀的骑兵都斩杀了。在经过残酷的训练之后，冒顿找好时机，在射杀头曼后，冒顿又杀掉了他的后母、弟弟以及固执旧念的大臣，自立为单于，从此挛鞮氏贵族集团便掌握了单于的最高权力。这种世袭权力的建立，是匈奴社会由氏族社会向奴隶社会过渡的表现，标志着匈奴历史又向前迈进一步。

冒顿自立为单于后，不断加强对各个部落首领的控制，斩杀与他与意见相左的部落首领，命令各部按时出征，谁延误迟到即斩。这一时期草原东部的东胡非常强大，前后向冒顿索要首领的宝马、阏氏，匈奴各部首长都认为不能给，但冒顿都满足了东胡的要求。东胡认为冒顿胆小可欺，日益骄横，不断西侵，派人向冒顿要求东胡与匈奴边界间的一块弃地。冒顿征询各氏族首长的意见，有人认为之前索要之物都给了，"此弃地，予之亦可，勿予亦可"。冒顿十分生气："地者，国之本也，奈何予之！"[1] 遂将此人斩首，率兵突袭东胡。

冒顿单于统治匈奴期间，征服了周边许多邻族。先向东攻破东胡，向西击走月氏，南并楼烦、白羊河南王，北服浑庾、屈射、丁令、鬲昆、薪犁各族，还侵入燕代、河南塞、上郡等汉地。随后又消灭月氏，平定楼兰、乌孙、乌揭等各族，逐渐控制了东至辽河，西至葱岭，北抵贝加尔湖，南达长城的广袤疆域，形成一

---

[1] （西汉）司马迁：《史记》卷110《匈奴列传》，北京：中华书局，1973年，第2894页。

个庞大的奴隶制国家政权。

2. 白登之围

西汉初年,刚刚结束战乱的西汉王朝"自天子不能具钧驷,而将相或乘牛车,齐民无藏盖",[1] 整个国家处于百业待兴,财政匮乏,国力虚弱的时期。此时的匈奴已经因为之前对东胡、月氏以及丁零诸部征战胜利,统一了大漠南北,拥有三十多万"控弦之士"(即骑射军队),士气正处鼎盛之时。驻守马邑的韩王信在匈奴强大武装的威胁下不得已投降。进而匈奴有机会越过句注[2],进攻太原,直至晋阳[3]城下,给了当时的汉王朝沉重一击。

高帝七年(前200年),刘邦亲自带兵前往抵御匈奴。军队抵达晋阳后,听闻韩王信与匈奴勾结并准备与其共同对抗汉军的消息,非常生气,派人出使匈奴打探情况。冒顿把精兵和肥壮的牛马藏匿起来,让老弱士兵、孱弱牲畜留在外面。汉军派出去的使者们刺探到匈奴的情况后,都向刘邦报告说匈奴的确羸弱,不堪一击,但慎重的刘邦又派娄敬前往匈奴打探虚实,娄敬出使回来后则向刘邦道出与之前使者不一样的回答:"两国相击,此宜夸矜见所长。今臣往,徒见羸瘠老弱,此必欲见短,伏奇兵以争利。愚以为匈奴不可击也"[4]。而此时汉军的先头部队已经过了句注,刘邦未理会娄敬建议,在寒风凛冽下冒险出兵。等到两军相遇,冒顿计划佯装不敌败走,引诱汉兵深入。刘邦率先头部队进军平城[5],在平城东南方的白登山

---

[1] (西汉)司马迁:《史记》卷30《平准书》,北京:中华书局,1973年,第1417页。

[2] 山名,在今山西代县西。

[3] 今山西太原市西南。

[4] (西汉)司马迁:《史记》卷70《刘敬叔孙通列传》,北京:中华书局,1973年,第2723页。

[5] 今山西大同市东北。

被冒顿率四十万骑兵包围。汉军被困七天七夜，又内外无援，最后采用陈平的计策才得以逃脱。《史记·匈奴列传》记载，高帝因受困，遂派使者秘密地给单于的阏氏送了很多礼物，阏氏遂向单于求情；也有人认为，陈平让画工画了美女图，派人送给阏氏，云"汉有美女如此，今皇帝困厄，欲献之"。阏氏害怕汉女夺宠，就对冒顿说："两方的君王不能相互围困。如果得到汉朝的土地，单于终究是不能在那里居住的。而且汉王也有神的帮助，希望单于认真考虑这件事。"而此时，冒顿与韩王信的将军王黄和赵利约定了会师日期，但王黄与赵利的军队没有按时到来，冒顿疑心他们与汉军密谋，就采纳了阏氏的建议，解除了包围圈的一角。于是高帝令战士都拉满弓，箭上弦，面朝外，从冒顿解围的通道冲出来，同汉朝大军会合。而冒顿遂引兵而去。汉军折戟于匈奴，铩羽而归。经此一役，逐渐形成了匈强汉弱的局势。

白登之围后，匈奴的势力达到顶峰，经常偷袭、侵扰汉边。对此，汉高帝九年（前198年），刘邦终于采纳了娄敬的建议"奉宗室女公主为单于阏氏，岁奉匈奴絮缯酒米食物各有数，约为昆弟以和亲"[1]，从而开启了汉匈关系史上六十余年的前和亲时期。

3. 汉匈和亲

白登之围后，汉高帝将之前劝说匈奴可击的使者处死，又封反对与匈奴对战的娄敬为关内侯。对于汉匈关系娄敬还提出，匈奴单于以力为威，不能用武力制服，也不能以仁义感化，只能从长计议，让他的子孙后代臣服于汉朝，所以他建议汉匈和亲。他提议汉帝把出于皇后的大公主嫁给冒顿做妻子，并且赏赐给他丰

---

[1]（西汉）司马迁：《史记》卷110《匈奴列传》，北京：中华书局，1973年，第2894页。

厚的礼物，他一定会感恩戴德，立大公主为正妻，那么匈奴的下一任首领便与汉朝有了紧密的关系。之后再用匈奴贪图的物资多次给予，派能言善辩的人对他加以说服，时间久了就会有所改变。冒顿在位，他是汉朝的女婿；冒顿单于去世，有着汉朝血统的外孙就是君主。这样汉匈之间不用付诸武力便可取得和平，如果汉帝不能派身份高贵的大公主去，而让普通女子假冒公主，匈奴知道后也不会尊敬亲近她，对汉朝没有好处。和亲者的身份越高，越有利于汉匈关系。但由于吕后反对，高帝只好"而取家人子名为长公主，妻单于"[1]。同时，派娄敬前往与匈奴订立议和联姻盟约。

娄敬从匈奴回来后，向汉帝上书称匈奴居住在河南[2]的白羊、楼烦两个部落，距关中地区距离较近，且关中土地肥沃，人口稀少，希望汉高帝可以将部分人口迁至此地加以充实。建议高帝将中原地区的宗族大姓、豪门名家都迁移到关中居住，既可防备匈奴，又能东伐诸侯。高帝派娄敬按照他自己提出的意见把十万多的人口迁到了关中。

此后惠帝、文帝、景帝和武帝初期都把娄敬提出的和亲政策作为处理与匈奴关系的主要方法。从汉高帝缔结和亲之约为始，至武帝元朔二年（公元前127年）与匈奴断绝和亲为止，这一时期汉匈和亲共计11次（见表1）。

表1　汉初至武帝初期汉匈和亲情况

汉帝在位时期	和亲时间	史书记载内容
汉高帝（前206年至前195年）	前200年	奉宗室女公主为单于阏氏。（《史记》卷110《匈奴列传》）

1　（西汉）司马迁：《史记》卷110《匈奴列传》，北京：中华书局，1973年，第2895页。
2　指河套以南地区。

汉惠帝、吕后（前194年至前180年）	前192年	因献马,遂和亲。(《汉书》卷94上《匈奴传》)
汉文帝（前179年至前157年）	前176年	"和亲甚便。"汉许之。(《汉书》卷94上《匈奴传》)
	前174年	老上稽粥单于初立,文帝复遣宗人女翁主为单于阏氏。(《汉书》卷94上《匈奴传》)
	前162年	匈奴和亲。(《汉书》卷4《文帝纪》)
	前160年	汉复与匈奴和亲。(《汉书》卷94上《匈奴传》)
汉景帝（前156年至前141年）	前156年	景帝复与匈奴和亲,通关市,给遗单于,遣翁主如故约。(《汉书》卷94上《匈奴传》)
	前155年	秋,与匈奴和亲。(《汉书》卷5《景帝纪》)
	前152年	遣公主嫁匈奴单于。(《汉书》卷5《景帝纪》)
汉武帝（前140年至前87年）	前140年	武帝即位,明和亲约束。(《汉书》卷94上《匈奴传》)
	前135年	匈奴来请和亲,……上许和亲。(《史记》卷108《韩长孺列传》)

史书中记载的这 11 次和亲，明确提到遣送公主和亲的只有 4 次，其余更多是"请和亲""复和亲"，是双方恢复和亲的状态。每次和亲，西汉都向匈奴赠送大量的粮食、酒及其他奢侈用品等。

但汉匈和亲并不能从根本上达到使汉边境完全安全的目的。自高帝遣宗室女公主为单于阏氏后，匈奴仍多次扰边。每在匈奴"大寇"之后，最长间隔 2 年汉匈之间就会有和亲或"议和亲"。汉匈和亲后，匈奴"大寇"汉边的时间相隔最长 9 年、最短 1 年（见表 2）。

表 2　汉初至武帝初期匈奴扰边情况

汉帝在位时期	扰边时间	史书记载内容
汉惠帝、吕后（前194年至前180年）	前181年	七年冬十二月，匈奴寇狄道，略二千余人。（《汉书》卷3《高后纪》）
汉文帝（前179年至前157年）	前177年	公元匈奴右贤王入居河南地，侵盗上郡保塞蛮夷，杀略人民。（《史记》卷110《匈奴列传》）
	前169年	匈奴寇狄道。（《汉书》卷4《文帝纪》）
	前166年	匈奴单于十四万骑入朝那萧关，杀北地都尉卬，虏人民畜产甚多，遂至彭阳。使骑兵入烧回中宫，候骑至雍甘泉。（《汉书》卷94上《匈奴传》）
	前165年至前163年	岁入边，杀略人民甚众，辽东最甚，郡万余人。（《汉书》卷94上《匈奴传》）
	前158年	匈奴复绝和亲，大入上郡、云中各三万骑，所杀略甚众。（《汉书》卷94上《匈奴传》）

汉景帝（前156年至前141年）	前155年至前141年	终景帝世，时时小入盗边，无大寇。（《汉书》卷94上《匈奴传》）
	前148年	匈奴入燕。（《汉书》卷5《景帝纪》）
	前144年	匈奴入雁门，至武泉，入上郡，取苑马。吏卒战死者二千人。（《汉书》卷5《景帝纪》）
	前142年	春，匈奴入雁门，太守冯敬与战死。（《汉书》卷5《景帝纪》）
汉武帝（前140年至前87年）	前134年春	匈奴入上谷，杀略吏民。（《汉书》卷6《武帝纪》）
	前134年秋	秋，匈奴盗边。遣将军韩安国屯渔阳。（《汉书》卷6《武帝纪》）

史书中有记载的匈奴"大寇"12次，这还不包括众多小规模寇边。可见，匈奴通过不断的侵扰中原边疆地区，迫使汉朝与其和亲，其根本目的是获得超过约定数额的物资。而汉匈和亲后只是减少了匈奴掠边的次数，仍改变不了匈奴对中原物资需求的本质。匈奴每次侵扰汉边的主要目的也是为了得到更多的物资以补充游牧生活不稳定的物资来源，且已经从中获得了巨大的物质利益，因此匈奴意图通过频繁侵扰汉边以促使汉朝增加和亲政策中对匈奴的物资输送。

这一时期汉匈间的和亲政策主要表现在五个方面：一是以长城为界，互为友好邻邦；二是"通关市"，特许汉匈之间交易；三是"奉岁遗"，汉朝每年都会给匈奴赠送物资；四是"遣公主"；五是遣使匈奴"明和亲"。

根据史料分析，西汉时期的汉匈"通关市"是一种在边境关口两国互通有无的交易活动。"通关市，饶给之。匈奴单于以下皆亲汉，往来长城下"[1]。由此可见，匈奴非常看重这种两国间的贸易往来。汉匈之间交易物资内容多样，以牛、马、羊、食品、手工业品等为主，在一定程度上满足了双方的需求，也达到最初"以其所有易其所无"的目的。而这种交易又是在双方政府严格控制和管理下进行的交易，像金、铁、田器等物资是禁止出关的。通过"关市"进行的贸易交换仅能部分满足一般牧民的物资需要，难以达到真正意义上的满足需求。中原地区的经济方式主要以农耕为主，而匈奴是游牧民族。农耕社会依靠牲畜来满足社会生产力，而游牧民族以蓄养牲畜为生活的基本，牲畜之间的交换需求是农耕社会与游牧民族存在贸易的一个原因。再加上游牧民族不具备稳定的生活场所和肥沃的农耕土地，即便有了土地，却没有丰富的农耕经验，因此游牧民族需要固定的粮食，只能与中原地区的人民进行交换，这也是汉匈之间贸易的主要原因之一，因此汉匈民间交换活动始终存在。

而"岁奉遗"，是西汉朝廷向单于政权的贡纳奉遗的一种经济措施，是前和亲时期又一重要的物资交流形式。这种"岁奉遗"属于数额庞大的单向经济输出，从刘邦"使娄敬奉宗室女公主为单于阏氏，岁奉匈奴絮缯酒米食物各有数"[2]；到汉武帝征和四年（前89年），狐鹿姑单于要求汉"岁给遗我糵酒万石、稷米

1　（西汉）司马迁：《史记》卷110《匈奴列传》，北京：中华书局，1973年，第2895页。

2　（西汉）司马迁：《史记》卷110《匈奴列传》，北京：中华书局，1973年，第2895页。

五千斛、杂缯万匹，它如故约，则边不相盗矣"。[1]虽然这一时期史料中对"岁奉遗"的数量没有明确说法，但可以看出，汉朝奉遗匈奴的物资数量是相当可观的，而匈奴也把和亲看作获取物资的重要渠道。

"遣公主"是和亲政策的重要内容，是通过联姻形式确定双方政治关系的方法。据史料统计，前和亲时期汉朝与匈奴商议和亲多达八次，但在史书中有明确记载的被遣送为单于阏氏的公主共有四位，且"币帛文锦赂之甚厚"。汉时每有新帝即位，就会"遣公主"；同时匈奴每有单于新立，汉朝也要送公主以和亲一次。另外，逢大战之后也会实行"遣公主"。可见，"遣公主"的行为一般发生在政权更迭、国家关系不稳定的时候。

综上所述，汉朝前和亲时期的和亲协议中更多的是以通关和岁遗为主，通婚反倒在其次。匈奴更多是希望通过和亲的形式增加与关内的联系，特别是在边地开通关市以进行大规模的物资交流来解决物资不足的问题；另外通过西汉奉遗匈奴的大量物资，也可以作为匈奴补给，减少日常压力。汉匈之间本就是利益关系，汉匈战争使得汉朝国力大大受损，汉朝同意和亲是为了中原的和平安宁，而匈奴和亲的目的更多是为了换取足够的物资弥补游牧经济的缺陷，所以汉匈之间的和亲具有利益性的目的存在，而这个目的只是汉匈双方为了换取和平及稳定的社会发展而采取的一种手段。所以，公主是"真公主""宗室女"，还是"良家子"的身份并不那么重要了。而嫁与匈奴的汉女，其结局也就可想而知了。

---

[1]（东汉）班固：《汉书》卷94《匈奴传上》，北京：中华书局，1975年，第3760页。

二、与乌孙的和亲

元光二年（前133年），汉武帝接受主战派王恢的建议，意欲在马邑伏击匈奴，但在最后时刻被单于识破，无功而返。"自是之后，匈奴绝和亲，攻当路塞，往往入盗于汉边，不可胜数。"[1] 随着汉朝经济发展，国力提升，武帝欲与匈奴相抗衡，马邑一战虽未取得胜果，却可看出这一时期汉匈实力相当，两国绝和亲，汉朝和匈奴都开始拉拢西域诸国，以遏制对方发展。

所以，西汉中期的和亲是与当时的西域大国乌孙的通婚，不是与匈奴。这时候，西汉为了争取乌孙力量共同抗衡匈奴，先后派细君公主、解忧公主和相夫公主三位公主前往乌孙和亲。其中相夫公主由于乌孙内乱半途而归，而细君公主、解忧公主和解忧公主的侍女冯嫽在和亲历史上留下了浓墨重彩的一笔。

1. 细君公主

汉武帝时期，乌孙开始与汉朝接触，表达善意，但匈奴听闻此事十分生气。乌孙害怕匈奴报复，遂向汉使献马，表达"愿得尚公主，为昆弟"的意愿。汉朝表示同意，但需要"先内聘，然后遣女"。随后，乌孙"以马千匹聘"表达诚意，迎娶公主。元封三年（前108年）武帝"遣江都王建女细君为公主，以妻焉"[2]，武帝亲自送细君公主出嫁，而且汉朝"赐乘舆服御物，为备官属宦官侍御数百人，赠送甚盛。"后来汉朝又"间岁遣使者持帷帐

---

[1] （西汉）司马迁：《史记》卷110《匈奴列传》，北京：中华书局，1973年，第2896页。

[2] （东汉）班固：《汉书》卷96《西域传下》，北京：中华书局，1975年，第3903页。

锦绣给遗"。[1]

细君公主虽有皇室血统，但却是罪王之女，其父江都王刘建因谋反罪自杀，身份地位相比于此前和亲匈奴的宗室女有所不及。但细君公主深知自己作为汉代与西域成功"和亲"的第一位公主的责任重大，远嫁乌孙后，虽思念故乡却也不曾忘记自己的使命。细君公主"岁时一再与昆莫会，置酒饮食，以币帛赐王左右贵人"，用汉武帝赐予的钱币和布帛等物资疏通、结交关系，拉拢乌孙统治阶级中的上层人士，增加乌孙上层阶级中的亲汉势力，巩固汉朝与乌孙的军事联盟，以此来达到与乌孙联合制止匈奴的目的。

但是细君公主与昆莫[2]猎骄靡因为年龄差距较大，生活习惯大不相同，于是自行建造宫室居住，可以见得细君公主对北地生活仍不适应，并未完全融入。猎骄靡年老时，想让他的孙子岑陬再次迎娶公主，但是受传统礼制的影响，细君公主并不能接受这个想法，上书请求回国，但是汉武帝为了实现与乌孙共灭胡的目的，遂令其"从其国俗"。[3]细君公主在猎骄靡死后，嫁于猎骄靡之孙岑陬军须靡（岑陬，官号），封为右夫人，生一女少夫。后来细君公主因为思乡过度加上产后失调，忧伤而死，只在乌孙生活了五年，死后被葬在了乌孙国。

细君公主的和亲，初步实现了汉朝联合乌孙遏制匈奴的战略目标，同时也促进了汉朝与乌孙之间经济文化的交流与民族融合。汉朝通过和亲的方式得到了乌孙的特产宝马，据史书记载，乌孙

1　（东汉）班固：《汉书》卷96《西域传下》，北京：中华书局，1975年，第3904页。
2　昆莫，乌孙王号。
3　（东汉）班固：《汉书》卷96《西域传下》，北京：中华书局，1975年，第3903页。

曾多次赠予汉朝良马，这种马品种优良，被誉为"天马"，在汉朝缺乏宝马良驹的军队极受欢迎，是耕地和作战的好助手。虽然后来汉武帝因大宛马雄壮，较乌孙马优良，乃改称乌孙马为"西极马"，独命大宛马为"天马"，但乌孙马在汉朝农业生产的发展和军事力量的加强中也发挥了重要作用。和亲也使乌孙获得了汉朝大量物质财富，据《汉书·乌孙传》记载，细君公主出嫁时汉朝"赐乘舆御物，为备官属、宦官、侍御数百人"，在细君公主表达了强烈的思乡之情后，汉朝"间岁遣使者持帷帐锦绣给遗"。这些丝织品受到了游牧民族的喜爱。

细君公主的远嫁也推动了汉朝文化在乌孙地区的传播，乌孙国开始有了琵琶、房屋，开始了解中原文化。虽然，乌孙拥有自己的城池——赤谷城[1]，但作为游牧民族的乌孙，还保有"与匈奴同俗"的生活，多居住在"穹庐"之中。而细君公主抵达乌孙后，因为不适应乌孙的生活方式，"自治宫室居"，把中原农耕民族的建筑风格带到了乌孙，同时使乌孙了解了汉朝宫室礼俗和建筑文化。

传说在细君公主远嫁乌孙时，汉武帝"念其行道思慕，故使工人知音者裁琴、筝、筑、箜篌之属，作马上乐"，这是一种根据中原地区已有的筝、筑等乐器的原理制成的能在马上弹奏的便携式乐器，这种乐器被乐师命名为"琵琶"（这里说的琵琶就是后来被称作阮咸的直项琵琶），这可能是中国乐器史上第一把"琵琶"。由此，秦汉之乐始入西域，这也是中原与西域最早的艺术交流。

细君公主远离故乡亲人，语言不通，习俗不惯，故作诗抒怀：

1　今吉尔吉斯斯坦伊塞克湖东北岸蒂普或其南一带。

"吾家嫁我兮天一方，远托异国兮乌孙王。穹庐为室兮旃为墙，以肉为食兮酪为浆。居常思土兮心内伤，愿为黄鹄兮归故乡"。正是通过这样的方式，细君公主把中原女子喜好诗韵琴音的文化情致带到西域草原，把中原地区宝贵的文化财富——极具楚文化元素的骚体诗带到了乌孙国，对乌孙文化产生了深远的影响，使两个民族之间的文化得以交融。

2. 解忧公主和侍女冯嫽

太初四年（前101年）细君公主去世，汉武帝为继续维系汉朝与乌孙之间的关系，完成沟通西域、斩断匈奴右臂的计划，封楚王刘戊的孙女解忧为公主，仍嫁与岑陬军须靡。到达乌孙后，解忧也被封为右夫人，细君公主嫁与昆莫猎骄靡，就被封为右夫人，而乌孙同契丹俗，以左为尊。故细君与解忧公主从身份地位上来说，都不如来自匈奴的左夫人。解忧公主与左夫人匈奴公主一同侍奉岑陬。几年后解忧无所出，而左夫人育有一子，名泥靡，成为王位继承人。此后，乌孙与匈奴的关系更加亲密，而与汉稍显疏远。乌孙王岑陬病危，因子尚幼，便立遗嘱，让其叔父之子翁归靡继承王位，待泥靡长大以后，便将王位归还于他。

翁归靡继位为昆弥，号肥王。翁归靡依照乌孙国的传统婚俗，继续娶匈奴公主和解忧公主为左右夫人。解忧公主与肥王生三子二女：长男元贵靡，后来被汉朝立为乌孙大昆弥；次子万年，曾做过莎车王；三子大乐，任乌孙左大将；长女弟史，后来成为龟兹王绛宾之妻；小女素光，为乌孙大将军若呼翕侯妻。翁归靡在位时期乌孙国力处于迎来鼎盛，同时与汉朝关系密切，与匈奴的关系日益疏远，这一切离不开解忧公主期间的努力。

乌孙对汉匈的态度在解忧公主嫁给乌孙王以后发生转变：对

匈奴是由惧怕到叛离，对汉朝则是从疏远到亲近。而这种态度的转变，对于匈奴来说是一个沉重的打击，他感到自己已经无法控制西域了，于是便开始可对乌孙的报复。汉昭帝末年，匈奴发骑兵占领车师，意图与车师共同侵袭乌孙。解忧公主向昭帝上书"匈奴与车师共侵乌孙，唯天子幸救之"[1]，恳请汉朝派兵支援，共同击退匈奴。汉朝遂"养士马，议欲击匈奴。"宣帝继位后，解忧公主又与翁归靡派遣使节上书，言匈奴出重兵入侵乌孙，并要乌孙速速交出解忧公主，誓要截断汉与乌孙间的联系。翁归靡愿发国中五万骑精兵，全力进击匈奴，希望汉朝能够配合。本始三年（前71年），汉朝出兵十六余万骑，分五路并出，由东进攻，翁归靡亲率五万骑在汉使常惠的"使护"下，从西方入，直击右谷蠡王庭，俘获匈奴单于父行（叔父）及嫂、居次（公主）、名王、犁汙都尉、千长、骑将以下四万人，马、牛、羊、驴、橐佗等牲畜七十余万头。这次战役，是汉朝与乌孙共同打败匈奴，实现了西汉与乌孙对匈奴的联合作战，汉朝与乌孙由亲戚关系发展成了事实上的军事联盟。

在汉与乌孙的联手进攻之下，匈奴惨败，民众及畜产死亡不计其数，自此走上了衰败之路。匈奴单于因此怨恨乌孙，同时不甘心失败，当年冬天，亲自率领数万骑，入侵乌孙，虏掠众多老弱。但是在返还的路上，遇上大雪，"一日深丈馀，人民、畜产冻死，还者不能什一"。在这种情况下，长期受匈奴奴役的各族人民纷纷反抗，"丁零乘弱攻其北，乌桓入其东，乌孙击其西，凡三国所杀数万级，马数万匹，牛羊甚众，又重以饿死，人民死者什三，

---

[1] （东汉）班固：《汉书》卷96《西域传下》，北京：中华书局，1975年，第3905页。

畜产什伍"。[1] 经过这两次战争，匈奴元气大伤，无力再管控西域各国，遂"诸国羁属者皆瓦解，攻盗不能理"[2]，西域各族人民纷纷摆脱了匈奴的控制。汉宣帝神爵二年（前60年），汉朝在乌垒城设立西域都护府，开始正式对西域地区进行管理。部分匈奴南附降汉，另一部分向西北遁逃，汉朝北方的威胁基本解除，"边境少事矣"。

翁归靡死后，乌孙上层并没有拥立翁归靡与解忧公主的长子元贵靡为王，而是依照前乌孙王的遗愿立其匈奴妻所生的儿子泥靡为昆弥。泥靡继位，号狂王，按照乌孙婚俗，泥靡复娶翁归靡妻。但作为亲匈派主要人物的狂王与解忧公主虽育有一子，但关系并不好，又"暴恶失众"，遂成为乌孙的一大隐患。所以，以解忧公主为首的亲汉势力发动了一场政变，想要除去狂王。甘露元年（前53年），解忧公主联合前来送侍子的汉朝使卫司马魏和意、副侯任昌合在酒席时伺机刺杀狂王，但一击未中，狂王受伤驰马而逃，这次宫廷政变直接导致了乌孙内乱。刺杀失败后，狂王的儿子细沈瘦起兵将解忧公主和汉朝使者围在了赤谷城，双方相持数月，直到西域都护郑吉闻讯率西域诸国兵赶来支援，才打败了细沈瘦，解救了公主及汉使。而负伤逃跑的狂王被翁归靡胡妇子乌就屠袭杀，后乌就屠在匈奴的支持下自立为昆弥，乌孙亲匈一派占据上风。而这个事件导致乌孙开始分裂，也是乌孙由盛转衰的转折点，使西汉王朝在西域的活动受到了极大威胁。

面对这种状况，西汉政府一面派破羌将军辛武贤率领军队，

---

[1] （北宋）司马光：《资治通鉴·汉纪十六》，北京：中华书局，1976年，第801页。

[2] （东汉）班固：《汉书》卷96《西域传下》，北京：中华书局，1975年，第3905页。

准备用武力征讨，给乌孙施压；另一方面派解忧公主的侍女冯嫽以和平手段从中调解。

冯嫽，是解忧公主的贴身侍女，后来随公主一起出嫁乌孙，史书记载："能史书，习事，尝持汉节为公主使，行赏赐于城郭诸国，敬信之"[1]，作为公主的女官，她凭借卓越的外交才能代公主到西域诸国执行和平外交使命，被尊称为"冯夫人"。

后来，冯嫽为乌孙右大将的妻子，而他与乌就屠关系非常好。在乌就屠自立为王后，受西域都护郑吉的委托，冯嫽不顾自己的安危，独自前往北山劝说乌就屠，将目前形势的利害关系告诉乌就屠。乌就屠在得知汉朝军队已大兵压境，而自己又不得民心后，不得不另寻出路。他意识到匈奴现在实力已大不如前，无法给予他更多的帮助，于是想要听取冯嫽的建议，与汉朝重修旧好，摆脱目前的困境。最终乌就屠接受了冯嫽的劝降，同意让出王位，并为自己讨取汉朝的正式封号。冯嫽凭借自己有勇有谋的胆识圆满地完成了这次劝降任务，使汉与乌孙往后几十年一直处于和平状态。

冯嫽的表现使汉宣帝非常高兴，下令召见她回京。汉宣帝亲自召见冯嫽，文武百官对她的归来表示热烈欢迎。冯嫽详细陈述此次事件经过，并建议封乌就屠为小昆弥（小王），想要在稳定乌孙政局的同时维护汉朝与西域的友好关系。这一远见得到汉宣帝的称赞与肯定，遂封她为正使，再次出使乌孙。

冯嫽"锦车持节"，带领使者团返回赤谷城，随后在赤谷城召见了元贵靡、乌就屠，向其宣读了汉诏书。册立元贵靡为大昆

---

[1] （东汉）班固：《汉书》卷96《西域传下》，北京：中华书局，1975年，第3905页。

弥（大王），乌就屠为小昆弥，赐予印绶。后来汉政府派遣长罗侯常惠带兵长驻赤谷城，给大小昆弥详细划分了地界和人口，"大昆弥户六万余，小昆弥户四万余"[1]。乌孙政局得到了稳定，汉乌联盟得到了进一步巩固。

甘露三年(前51年)，解忧公主长子元贵靡因病去世，其子星靡即位大昆弥。时年七旬的解忧公主以年老思归，向汉帝上书"愿得归骸骨，葬汉地"。宣帝感念解忧公主背井离乡五十年，对汉乌和平做出的贡献，恩准了她的请求，遂公主偕同孙儿三人回到长安。解忧公主回来后，宣帝又赐田宅、奴婢，"朝见仪比公主"。两年后，解忧公主去世，她的三个孙儿留在长安守坟。公主虽已归汉，但公主所代表的和亲情谊却永远留在乌孙，故此后数十年间，大小昆弥之间虽争斗不断，但乌孙与汉的关系始终是友好的。

完成使节任务的冯嫽，本已归国，但此时乌孙政治局势的再起变故。元贵靡去世后，其子星靡即位。星靡年幼懦弱，治国无法，故乌孙国内的亲匈派势力日趋强大，整个乌孙国的形势复杂起来。冯嫽也因此深感忧虑，年迈的她毅然上书请求再次出使乌孙，帮助星靡治理国家。宣帝同意冯嫽的请求，并派士卒百名护送她重返乌孙。凭借多年外交经验的积累，冯嫽协助星靡一同治理国家。乌孙的局势也重新稳定下来，汉朝与乌孙关系得到进一步的巩固与发展。

3. 联通西域

在解忧公主和侍女冯嫽的活动和努力下，武帝最初"欲与乌

---

[1] （东汉）班固：《汉书》卷96《西域传下》，北京：中华书局，1975年，第3906页。

孙共灭胡""断匈奴右臂"的使命得到完成,乌孙成为西汉的盟国,而且随着西汉势力的强大和乌孙与汉朝关系愈发亲近,乌孙成功被纳入西汉政治统治之中。

解忧公主及其侍女冯嫽在乌孙长居的几十年中,沟通了西域各国人民与乌孙和汉朝的友好联系,对抵抗匈奴侵略、繁荣乌孙经济文化,特别是在传播中原文化,促进中原与西域文化的交流、交往和交融方面发挥了积极作用。

解忧公主在西域生活的半个世纪带给了西域深远的影响。她遵照乌孙婚俗,先后嫁与三位昆莫,延续并巩固了汉乌联盟,通过她的努力,乌孙积极配合汉朝、遏制匈奴,联合其他部族共同反抗匈奴的压迫,最终实现"斩断匈奴右臂"的政治谋略,迫使匈奴退出西域,结束了匈奴对西域以及对汉朝北方边郡的长期压迫和威胁。她和冯嫽都以自己的方式致力于加强汉朝与乌孙、与西域各城邦的交好,为帮助西汉统一西域,将西域纳入中国的版图发挥了积极的作用。通过解忧、冯嫽以及解忧的后代,中原文化在西域多地得到了广泛而持久的传播,促进了各民族文化的交流、交往和交融,为我国多民族、大一统格局的建立奠定了良好的基础。

三、呼韩邪入汉与昭君出塞

1. 呼韩邪单于入汉

马邑之谋后,汉朝通过不断地主动出击极大地削弱了匈奴势力,史书记载规模较大且较典型的有以下几次战役:元朔元年(前18年),大将卫青与李息受谴分别从雁门郡和代郡出发分两头进攻匈奴，斩获匈奴数千人而还。元朔二年（公元前17年）汉朝又行派遣卫青、李息由云中郡出发，夺取河南地。元狩二年（公元前11年），汉朝与匈奴之间又爆发了两次河西战役。一次是骠骑将军霍去病奉汉武帝之命由陇西出袭击匈奴，占据上风；另一次为公孙敖与霍去病自河西走廊出击，张骞、李广自右北平郡出击，数战之后，匈奴昆邪王落败，归顺于汗，汉武帝设立五属国对匈奴进行安置管理，"以其地为武威、酒泉郡"。自此之后，河西走廊落入西汉囊中，同时匈奴与西羌之间的联系也被切断，消除了叛乱隐患，同时打通了由汉朝通往西域的道路，汉朝与西域其他民族的往来也逐渐增多，匈奴之患暂时平定。元狩四年（前119年），匈奴边境再起祸端，武帝派遣卫青与霍去病再次出兵，与匈奴作战，得胜，双方损失均较大，匈奴因此战受到重创，向北方逃窜，汉朝兵马也损失相当严重，但至少换得一个较为安定的边疆。"是后，匈奴远遁，而幕南无王庭"。元光二年（前133年）之后，汉匈战争不断。尤其在元光二年后的十年间汉匈之间爆发战争次数最多，但基本以西汉胜利告终。

漠北决战后，匈奴既希望恢复与西汉的友好关系，但又不愿称臣于汉，于是希望可以通过和亲"旧约"以平等的地位重修与汉的关系。为达此目的，匈奴虽"数使使好辞甘言求和亲"，但不同意汉提出的"以单于太子为质于汉"的要求。终于至神爵二年，西汉在西域设立西域都护府，匈奴在西域的统治全面结束。

战争无益处，长期的战争使匈奴内部的政治、经济都受到了不同程度的影响。匈奴因战争人口和牲畜都损失巨大，部族居住之地由于失去大量优质草场，被迫迁徙至漠北，气候严寒，可用于生产的资料稀少，生产生活面临困境。匈奴民间流传着："亡我祁连山,使我六畜不蕃息;失我焉支山,使我妇女无颜色"的歌谣,上述歌谣正是对此时匈奴人生活的反映,河西走廊为匈奴提供必要的生产资料,而如今河西走廊的丢失使匈奴陷入生存困境。征和四年(前89年),匈奴又遭重大自然灾害,所控属部由于生存压力出现矛盾纷争,离心倾向严重,值此关键之时,西域各国联合攻击匈奴,劫掠车师国,匈奴被迫迁离故地,内部出现严重的统治危机。

始元二年(前85年),匈奴统治阶层内部因单于之位的利益之争发生内斗,五单于都对上位怀有野心,最终在彼此不断的争斗后形成呼韩邪单于和郅支单于两支力量相互对立的局面。双方实力不分伯仲,无奈之下,匈奴开始分头主动向汉示好。一边呼韩邪单于受左秩伊訾王"匈奴日削,不能取复""事汉则安存,不事则危亡"的规劝,将依附于汉朝作为继续生存的必要途径,南下附汉,争取汉朝支持。而郅支单于也主动向汉朝求和,请求与汉朝和亲、开关集市增加交流,友好往来。双方均于宣帝甘露元年(前53年)派遣质子入侍于汉:"春正月,匈奴呼韩邪单于遣子右贤王铢娄渠堂入侍""郅支单于亦遣子右大将驹于利入侍"[1]。呼韩邪单于还"引众南近塞"以试图增加与西汉的往来。甘露三年,呼韩邪单于正月在甘泉宫朝拜天子,且"赞谒称臣而不名",并且"自请愿留居光禄塞下,有急保汉受降城"[2],可见呼韩邪称臣的诚意。同时,西汉对呼韩邪单于归顺也给予相当的重视,甘露二年(前5年)呼韩邪单于前来朝拜,宣帝派车骑

---

[1] (东汉)班固:《汉书》卷8《宣帝纪》,北京:中华书局,1975年,第188页。
[2] (东汉)班固:《汉书》卷94《匈奴传下》,北京:中华书局,1975年,第3797页。

都尉前去迎接，所经过的七郡均派两千兵士陈列在道路两旁。朝拜时"汉宠际殊礼，位在诸侯王上"，并给予丰厚的赏赐"赐以冠带衣裳、黄金玺盩绶、玉具剑、佩刀、弓一张、矢四发、棨戟十、安车一乘、鞍勒一县、马十五匹、黄金二十斤、钱二十万、衣被七十七袭、锦绣绮縠杂帛八千匹、絮六千斤"。[1] 不仅如此，汉朝还派遣长乐卫尉高昌侯董忠和车骑都尉韩昌率领众多兵骑与边郡士兵以及成千的边塞州郡的人马，护送呼韩邪单于出朔方城，助其讨伐叛逆不服的人，又"转边谷米糒，前后三万四千斛，给赡其食"[2]。可见西汉对此次呼韩邪单于归顺大为欣赏。对于此次呼韩邪单于入汉，双方态度都较为明朗，对此表示积极倾向。之后呼韩邪单于几次来朝，宣帝都对其礼遇有加，给予大量赏赐。呼韩邪单于的归附之心也由于这种开明的民族政策而更加坚定。对于另一支郅支部，西汉虽未答应其和亲的请求，但也与其通关市。来朝献礼时，汉坚持礼尚往来，亦对其加以赏赐，与之相当。

元帝建昭三年，在汉胡两支势力合力之下围困之下，郅支单于亡于康居。呼韩邪单于对于郅支单于被诛的消息"且喜且惧"，威胁安危的敌人终于被消灭当然可喜，但同时西汉的势力已强大到令其惧怕，此时也只有倒向汉朝，不与其为敌才能保证安全。于是，呼韩邪单于就此顺势上书求见称"常愿谒见天子，诚以郅支在西方，恐其与乌孙俱来击臣，以故未得至汉。今郅支已伏诛，

---

[1] （东汉）班固：《汉书》卷94《匈奴传下》，北京：中华书局，1975年，第3798页。

[2] （东汉）班固：《汉书》卷94《匈奴传下》，北京：中华书局，1975年，第3798页。

愿入朝见"。[1]并于竟宁元年向汉请求和亲,元帝欣然应允,并将良家子王昭君赐予单于,汉匈再次和亲。

2. 昭君出塞

王昭君,名嫱,字昭君,为西汉南君秭归人,17岁时被选入汉宫。《西京杂记》中记载,"元帝后宫既多,不得常见,乃使画工图形,案图召幸之。诸宫人皆赂画工,多者十万,少者亦不减五万。独王嫱不肯,遂不得见。匈奴入朝求美人为阏氏,于是上案图,以昭君行。及去,召见,貌为后宫第一,善应对,举止闲雅。帝悔之,而名籍已定,帝重信于外国,故不复更人"。选昭君出塞作为和亲之人。公元前33年,呼韩邪单于入朝请婚,元帝"赐单于待诏掖庭王樯为阏氏,并改元竟宁"。由此昭君出塞,嫁于呼韩邪单于,这一事件在《汉书元帝本纪》和《汉书匈奴传》等正史中都有记载。

此次和亲与以往和亲有所不同。一是和亲公主的身份不同。汉匈和亲西汉初期一直在宗室女中挑选,而至元帝时期却以良家子作为和亲"公主",这一变化表明西汉已经不需要用和亲公主的高贵身份使匈奴"贵近",西汉之于匈奴的地位在一步步上升。二是和亲公主的使命不同,从汉初以恢复汉匈边境的和平,减少甚至杜绝匈奴对西汉边境的侵犯为目的,到以保障目前汉匈和平的局面,巩固这种友好和平的关系为目的。三是选派公主的方式不同,之前的和亲公主大都是统治者挑选的,对和亲应该说是不满意的,而昭君是自愿前往的,"乃请掖庭令求行"。

昭君出塞和亲,对于汉匈之间关系往来极为重要。由汉元帝

---

[1] (东汉)班固:《汉书》卷94《匈奴传下》,北京:中华书局,1975年,第3799页。

改元为"竟宁",足以看出汉朝对这次和亲的重视程度之高。出塞后,呼韩邪单于把昭君封为"宁胡阏氏",希望匈奴从此能够迎来和平与安宁,代表着匈奴一族对此次和亲与西汉改善关系,减轻生存压力的期望。同时在麻池古城汉墓出土的陶片瓦当上发现了"单于和亲""千秋万岁"等字样,同样表达了汉匈间达成和平相处、友好交流的美好愿景,也显现了昭君出塞的重要功绩。"昭君出塞"后,呼韩邪单于得到了西汉的支持,并逐渐实现了对匈奴的完全掌控。汉匈之间和睦相处,使整个漠南地区长时期处于和平稳定的阶段,整体生产生活状况呈现繁荣昌盛的局面。

呼韩邪单于去世后,呼韩邪大阏氏子雕陶莫皋立,为复株累若鞮单于。按照匈奴婚俗制度,昭君应嫁与复株累若鞮单于,昭君向成帝上书请求回到中原,但遭到成帝拒绝,要求其继续留在匈奴。于是昭君又成为复株累若鞮单于之妻,育有两女,"长女云为须卜居次,小女为当于居次"。

"昭君出塞"增加了西汉与匈奴之间的交流与沟通,是一种多方面的民族互动。同时政治上层的交往也为汉匈两族下层人民提供典范,增进了汉匈两族之间的距离,促进了汉匈两族在政治、经济、思想文化等领域的交流交融。

政治方面,汉匈之间相处与往来的状况通过昭君出塞和亲得到了良好的改善。匈奴改变了以往对汉朝的野蛮抢掠,逐渐用和平的方式解决双方争端,实行平等、协商的交流方式,实现社会和平发展。"昭君出塞"实现了汉匈之间的和睦相处,同时也实现了社会环境的平稳与安宁,百姓免于遭受战乱动荡。昭君逝世后,她的后代为汉匈之间的友好往来继续努力奔走,双方和睦友善的关系得以延续。这种和平的交流方式对中原与北方人的共同繁荣发展做出巨大贡献。政治制度方面匈奴也受到了汉朝的影响，例如匈奴改变了"传国与弟"的继位制度，开始奉行传子与传弟交叉继位的混合继承制。

经济方面，昭君出塞对匈奴的生产发展做出了巨大贡献，汉朝的农业生产经验与生产技术使匈奴由以游牧狩猎为主的游牧经济逐步向自给自足的农耕经济过渡。公元前三世纪前后，匈奴的手工业由于规模小、技术不成熟，不能满足社会生产的完全需要，生产力没有得到充分发展。昭君出塞后，斧、矛等较高水平手工制作的铁器开始在匈奴生活中出现。随后，汉族还将较为先进的筑城、穿井等关于城市建设的技术传至匈奴。通过学习和运用这些技术，匈奴人的生活和文化水平都有了不同程度的提高，同时也促进了汉匈之间的交流，增进双方的了解与感情。同样，匈奴族将较为先进的养殖、骑射的技术传授给汉族，大大丰富了汉族的日常生活与经济发展方式。此外，双方不必再被困于战争，没有了徭役赋税带来的经济压力，边地互通关市，加强了各自的生产生活和社会建设，经济发展得以进步，生活水平也随之提升。

文化方面，汉匈两族民众相互借鉴对方生活经验，相互改进生活习俗，共同促进文化进步。王昭君来到匈奴后，在各个方面尊重匈奴的生活习性，逐渐融入匈奴的生活之中，为后世民族融合做出典范。同时，昭君带来了大批金银、锦帛、酒米等物品并将其介绍给匈奴，在此过程中匈奴贵族初步认识汉文化并渐渐熟悉汉文化，对汉文化的认识与兴趣进一步加深，学习汉文化的主动性也进一步加强。除此之外，匈奴质子也加深了汉朝对匈奴的影响。昭君与呼韩邪单于和亲之后，此后每任匈奴单于都要派一位质子到汉王朝待诏。长期留居内地的质子成长过程中对汉文化有了深度的了解，回到匈奴加以宣传，汉文化就此融入匈奴贵族的社会生活之中。在匈奴王侯对汉文化产生兴趣后，又率领他们的部属入汉地，学习汉文化。《汉书匈奴传》中记载匈奴的"若鞮"一词便是学习汉文化的结果。与此同时，在日渐交往中，汉朝文化价值观的传播也对以武为首、崇尚战争为价值取向的匈奴族产生了影响，在潜移默化中发生改变。由此可以看出，汉朝对匈奴的文化产生了很大的影响。

汉匈之间以和亲的方式换来西汉北疆的和睦安稳。据史料记载，汉匈之间实现和睦相处，从此"边城晏闭，牛马布野，三世无犬吠之警，黎庶无干戈之役"[1]，避免了冲突和战乱，和平友好的环境也为之后汉朝与西域之间丝绸之路的开通，中原与北方匈奴之间的友好合作，相互交流，相互融合提供了稳定的社会环境。

四、从史料和实物中反映出的中原与匈奴各方面的交流

1. 汉匈间的物质交流

自秦汉以来，中原的汉族与北方的匈奴就已经有了不少物质交流，且汉文化对匈奴的影响日益加强，许多汉物进入匈奴地区。汉与匈奴通过和亲、互市、战争等形式加强了彼此之间的交流。

匈奴在西汉时期通过屡次发动战争，从中原地区掠夺了大量物资，如匈奴"岁入边，杀略人民，畜产甚多"。[2] 至西汉中期，

1　（东汉）班固：《汉书》卷94《匈奴传下》，北京：中华书局，1975年，第3798页。
2　（西汉）司马迁：《史记》卷110《匈奴列传》，北京：中华书局，1973年，第2894页。

汉也对匈奴发动了几次战争，也掠夺了匈奴不少牛羊，如前72年，"校尉常惠与乌孙兵至右谷蠡庭，……虏马牛羊驴骡橐驼七十余万"，[1] 可见所得牲畜数量之庞大。除了战争所获得的资源外，战争中出现的不少的汉匈降兵也是促进汉匈交流的重要部分。如李陵率领数千士兵投降，赵破奴降服2万多人，李广利降服7万多人。这些士兵不仅仅是进入了匈奴地区，同时还给匈奴带去了数量庞大的汉式兵器和生活用品。汉朝希望能以"和亲""馈赠"等形式使匈奴的消费结构有所改变，让匈奴的统治阶级对中原富饶的物质生活有所向往，从而逐渐使匈奴在经济方面依附于汉朝，以此达到匈奴臣服于汉朝的目的。因为这样的原因，汉朝每年都会给匈奴大批的物质资源。而通过"互市"的方式，匈奴可获得稳定且丰富的汉朝农产品作为食物补充，同时，汉族也可以从匈奴那里得到大量有利于农业发展的牲畜。互市的长期实行，有利于双方经济上的来往和交流。

汉传至匈奴的产品主要分为两个领域，一是生产生活领域，二是军事领域。在生活用品方面，西汉从和亲时期就开始向匈奴输入大量的粮食，例如呼韩邪单于时，汉朝"转边谷米糒，前后三万四千斛，给赡其食"[2]，还有公元前48年，"呼韩邪单于复上书，言民众困乏，汉诏云中、五原郡转谷二万斛以给焉"[3]。汉帝通过"和亲""岁遗"的方式赠与匈奴大量丝织品，且品种繁多，

---

1 （东汉）班固：《汉书》卷94《匈奴传下》，北京：中华书局，1975年，第3797页。

2 （东汉）班固：《汉书》卷94《匈奴传下》，北京：中华书局，1975年，第3795页。

3 （东汉）班固：《汉书》卷94《匈奴传下》，北京：中华书局，1975年，第3797页。

匈奴墓葬皆有出土丝织品。另外在匈奴墓葬中还出土了多种生活用品、装饰物品等，如内蒙古察右后旗赵家房村匈奴墓葬群出土的重环纹鸟镜、汉式铜镜"长宜子孙"镜等；内蒙古准格尔旗西沟畔匈奴墓地出土的数枚造型为汉代流行风格的舞人。二是武器。呼韩邪单于曾经进入汉时，被赠予了佩刀、矢、弓、戟等兵器。在内蒙古鄂尔多斯补洞沟的匈奴墓地中，出土了一柄环首长条形剑铁剑，外有木质剑鞘（大部已朽），长63厘米[1]；西沟畔墓地出土环首铁刀一件。

此外，近些年在蒙古、俄罗斯等邻国发掘的汉时匈奴遗址中也出土了大量的汉代遗物。

于蒙古国出土的匈奴遗址中发现了不少汉代遗物。如位于蒙古国的巴特孙布尔苏木地区发现的诺彦乌拉匈奴墓地，这个墓地里出土了不少汉代中原地区的文化遗物，如丝织品、服饰、玉器、漆器、生产工具等。该墓地M6出土的"建平五年九月"纪念铭文的漆耳杯，外表髹黑漆；M25木棺外北侧回廊内出土汉式青铜盆残件；M20出土的车厢，由藤条编织而成，髹红漆，属于典型的汉式车舆；位于高勒毛都地区的匈奴墓地群也出土了不少产自中原地区的东西，如青铜镜、丝织品、车马具等物品。该墓地出土的云雷连弧纹铜镜残件的边缘装饰有一圈斜线纹，向内有云雷纹，这种纹路由涡纹和双重三角纹组成。根据纹路可知这种镜子在东汉时期的中原地区很常见，故推测是汉朝所赠。

俄罗斯外的贝加尔地区也发现有匈奴遗存痕迹，其中也有汉代遗物出土。伊沃尔加城址及其墓地在乌兰乌德市色楞格河左岸的台地上被发现。该地址共出土了七件铜镜残件，根据铜镜上残

---

[1] 一般的北方系短剑长度在20—30厘米之间。

留下来的纹饰可知此类铜镜在西汉中期的中原地区普遍流行。在该墓地还出土了一枚五铢钱。根据纹路可看出这枚铜钱与西汉武帝时期的五铢钱类似。1941年，于贝加尔湖地区发现了汉代的中国建筑遗址，出土了有"天子千秋万岁长乐未央"的文字瓦当、环首铁刀等汉式陪葬品。

同样，匈奴的物质文化也通过战争、互市两个途径对汉族产生了巨大影响。匈奴的生业方式与汉地的农业生产的需求不同决定了其输入中原地区的商品形式主要以牲畜和毛织品为主。《史记·匈奴列传》中提及匈奴"奇畜"有橐佗（骆驼）、驴骡等。特别是到东汉后，驴、骡在中原已成为"常畜"，对提高中原的生产力有促进作用。随着中原地区骑兵的兴起，对军马的需求也大大地增加，遂通过战争、互市、结盟，甚至虏获的方式从匈奴、乌孙、大宛等地输入良马，以提升骑兵的战斗力。而汉匈彼此间的不断征战也促进了双方武器的持续更新，因而匈奴的兵器也对汉族产生了一定影响。如匈奴人常用的鸣镝，曾在西岔沟墓地出土过一件；而北方民族所流行的短剑，也曾在陕西长安的汉代武库遗址中出土过一件类似的兵器。

2. 汉匈间的技术交流

匈奴地区的农业在汉人的参与以及汉族农耕文化的影响下逐步发展起来。匈奴族除了游牧的生业方式外，也部分开展了农耕生产，种植黍襟等粮食种类。农业技术方面，匈奴已经掌握穿井灌溉的技术。除此之外，在匈奴的故城遗址以及墓葬中曾经出土了大量和中原类似的农具，如犁桦、镰、锄等。这些汉族的惯用农具和使用技巧以及穿井技术在匈奴地区出现应该是汉人进入匈奴后在匈奴进行传播的结果。

匈奴农业发展得益于大量汉人进入匈奴，除了促进农业发展，这些汉人还使一个对于匈奴来说较为新颖的产业出现了——建筑业。从匈奴出现在历史舞台开始，就是以穹庐毡帐为屋，没有城市和固定住所。但到了秦汉时期，文献记载中多次出现匈奴建筑城郭的相关记载；如漠北地区的赵信城；西域地区的郅支城，都应是受汉人影响或直接利用汉人修建的城池。今蒙古共和国杭爱山南麓的赵信城[1]的建筑结构、规模以及风格均有汉式建筑的特点，还出土了板瓦、筒瓦、三角纹方砖等具有汉式建筑特点的建筑材料，且不少瓦当上刻着"长乐未央""千秋万岁""单于和亲""四夷宾服"的汉字铭文。这些文物的出土充分说明了匈奴的故城建造者是进入匈奴的汉族工匠，体现了匈奴被汉代的建筑技术所影响。

3. 汉匈间的文化交流

匈奴经常在大漠南北活动，漠北地区气候比较寒冷，降水量少，气候干旱，大多是荒漠，不适宜农作物生长；漠南地区相对温度高，降水量较漠北多，适宜牧草生长。正是这种生态环境决定了匈奴社会只能采取以游牧为主的生产生活方式。匈奴人的生活主要是放牧牛、马、羊，逐水草而居。牲畜对于游牧民族非常重要，它们既是生产资料，也是生活资料。人依靠牲畜生存，牲畜又有逐水草的习性，这种相互依赖的关系决定了人群居无定所，他们采用拆装方便的毡帐以便于随时迁徙。这就使得他们不必刻意去维系人际关系或是注重繁文缛节，不会形成严格的等级观念，也没有与之相适应的君臣礼制，也因此没有形成繁琐的、严酷的法律。频繁发生的部族战争导致大量人口死亡，人口的繁衍就被

---

[1] 今蒙古国塞林巴剌嘎斯古城内城。

当作关乎部族命运的大事,因而在婚俗上表现为收继婚。匈奴经济和政治的不稳定性并不利于文化的积淀,所以他们的文化也发展缓慢,较中原落后。从某种程度上来说,匈奴迥异的游牧文化受草原的自然地理环境、游牧的生产生活方式的决定性影响,这与中原文化存在很大的不同。

西汉时期,特别是汉匈和亲以后,中原对西域产生的影响越来越大,种类繁多的农产品进入匈奴,这种现象使得匈奴生活中的农产品占比越来越多,一定程度上改变了匈奴的饮食结构。最有利的证明就是呼韩邪单于曾多次上书求谷。在汉族的影响下,匈奴的农业也发展起来了。武帝元狩四年,卫青"至遂寘颜山赵信城,得匈奴积粟食军",[1] 又见《汉书·匈奴传》中有记"会连雨雪数月,……谷稼不熟",这说明了匈奴在一些地区种植了谷物促进了农业的发展。西岔沟匈奴墓地发掘的墓葬中出土了一定数量的传自于汉地的遗物,既有铁质农具也有农业民族日常生活中会用到的储存用具,如弦纹陶壶、绳纹陶罐等器物,这些都证明了匈奴农业在该时期存在。除此之外,大量的农产品随着汉匈和亲进入匈奴。

关于匈奴的丧俗,《史记》中有记载:"日上戊己。其送死,棺椁、金银、衣裳,而无封树、丧服。近幸臣妾从死者,多至数十百人。"已发现的早期匈奴墓葬在地面没有封土、松柏之类的痕迹,大型匈奴墓葬中还存在殉人和殉牲现象。但在匈奴内迁后,匈奴的丧葬观念逐渐与汉族趋同。如蒙古诺彦乌拉发现的匈奴单于墓,该墓坑建造的规模很庞大,而且棺椁俱齐,大椁之中为棺,

---

[1] (西汉)司马迁:《史记》卷110《匈奴列传》,北京:中华书局,1973年,第2895页。

棺内又有盛放尸体的椟，这种使用棺椁的丧葬制度与汉十分类似，应是模仿汉制。

墓中除了金银装饰品，还随葬了玉、石等质地的配饰，随葬品的使用已与中原无异。两汉时期，匈奴墓中早期常见的用牲口殉葬和独特的透雕牌饰逐渐消失，如青海大通县上孙家寨东汉匈奴墓出土有陶、铜、铁、玉、石、漆器等汉式随葬品，墓室结构和随葬井、灶等器具，和中原地区大致相似，仅有些许不同，只能凭借墓中发现的"汉匈奴归义亲汉长"铜印才能判定这是一处匈奴墓葬。

匈奴本是"毋文书，以言语为约束"，匈奴语主要以突厥语和蒙古语为主，但在西汉初期，汉语对匈奴产生了一定影响。《史记·匈奴列传》有记载："(匈奴)置左、右贤王，左、右谷蠡王，左、右大将，左、右大都尉，左、右大当户，左、右骨都候。匈奴谓贤曰'屠耆'，故常以太子为左屠耆王。"这里的贤王、大将等都是汉语，而"屠耆"与"贤王"并用，说明在西汉初期匈奴就了有胡汉语并用的现象。

汉代，汉匈之间在音乐上的交流，主要表现在乐器上的互通有无。公元50年，南匈奴单于派遣他的儿子来朝见，光武帝赐其"乐器鼓车"[1]。公元52年，北匈奴也来朝见，"更乞和亲，并请音乐"[2]。由此可见，匈奴对汉朝音乐的喜好。东汉时期，蔡文姬从匈奴归国时带回匈奴乐器胡笳。她在公元208年前后根据胡笳的独特音色在古琴上谱成《胡笳十八拍》，并流传至今。

---

1 （刘宋）范晔：《后汉书》卷89《南匈奴传》，北京：中华书局，1973年，第2943页。

2 （刘宋）范晔：《后汉书》卷89《南匈奴传》，北京：中华书局，1973年，第2943页。

秦汉之际，在蒙古高原生活的匈奴人与中原地区进行友好往来，是草原商贸和东西文化交流的重要角色。随着交流深入，原本各自独立发展的游牧部落之间有了联系，使得游牧文明相互交融、发展，同时吸收其他外来文化，形成独特的游牧文明。通过观察从匈奴贵族墓地出土的遗物，可以看到陪葬品中有不少来自汉代中原地区的物品，由此可知匈奴社会内部有崇尚汉文明的风尚。这不仅体现了匈奴人的社会生活受到汉文明的影响而发生变化，同时还反映了在经济上汉匈互相依赖。匈奴不断内迁，使得匈奴受到的汉文化影响也越来越大，对华夏文明的认同不断增强。周边少数民族同汉王朝的来往促使不同民族的进一步融合，为中华多元一体的格局奠定了文化基础。

中编　从秦汉长城到关市不绝

一、秦汉长城南北

　　自古以来，各少数民族在我国北方世世代代生存活动，他们的文明成为我国源远流长的历史长河中重要的组成部分，并且留下了富饶雄伟的文化遗产。古长城便是这些优秀文物古迹中极具代表的一部分。在我国古代北方，古长城的兴建最早始自战国，至于明代，我国北方古长城东西跨度范围广，包括了我国北方的大部分地区，大概总长 11000 公里。我国北方古长城大部分位于今天的内蒙古自治区境内，少部分古长城的范围穿过今华北地区的多个省，还有部分古长城的起始点在西北和东北的范围内。

　　我国最早的长城始建于战国，作为春秋战国时期诸国纷争，相互征战下的产物而存在。比如齐国用来防御吴国、楚国的"拒防"，楚国用来防御秦国、齐国以及三晋的"方城"，魏国用来防御秦国的河西长城，以及燕国用来防御齐国的易水长城等等。但是伴随着春秋战国时期各诸侯国的对外扩张以及同一时间段的一些北方少数民族的发展，部分列国着手在他们北部的边境修筑长城，自此以长城作为联系的一种我国北方民族之间的关系体例开始逐步形成，秦汉时期北方民族之间的关系和在秦汉时期建立的长城城防系统是这一民族间关系体例的赓续。秦汉长城的建立对胡汉之间文化的交流与交融有着举足轻重的作用。

如果向前回溯，不难看到中国长城的修建与使用对这一世界格局变化的重大影响。秦始皇统一东方六国，派蒙恬北逐匈奴，修建长城，实现了与匈奴的分疆治理。未恤民力，秦朝二世而亡。汉朝继起，前期的休养生息正是借助秦长城，与匈奴尽量维持了和平相处的模式。其方略主要是利用长城以静制动，使自身避短就长，逼游牧民族弃长就短。缺乏了长驱直入的优势，匈奴南下的优势受到了极大的削弱，对中原政权管理区域多是小规模扰掠。汉武帝在中原地区物资充盈之后，曾采取大规模军事行动，派卫青、霍去病等出兵征伐，试图彻底解除来自北方的袭扰。经过较长时间的努力，在元狩四年（前119年）北逐匈奴后，西汉以修缮与新建结合，使长城西起盐泽，中经敦煌、酒泉、居延塞、光禄塞、大青山南麓与秦长城衔接，再向东延伸至辽东。为此，汉朝付出了沉重的代价，汉武帝也发布《轮台罪己诏》。此前不断侵扰中原地区的匈奴遭遇重创后分裂，南匈奴与汉朝妥协，昭君出塞由此发生。南匈奴归附，北匈奴到永元三年（公元91年）窦宪率众出兵后西迁，"人不弛弓，马不解勒"，在没有完善城池防御的欧洲大地掀起一场飓风。以和平立国，以协作存世，在世界上渐渐强大起来的中华民族，以全局思维管理内部秩序，充分借助长城减少统治区域外部环境对内部区域的干扰，在外部袭扰不断时勇于抗击以争取最佳生存环境，这在一定程度上可以解释中华民族生生不息的原因，[1] 也在一定程度上说明了长城存在的意义。

1　黄益：《浅谈秦汉长城与世界格局》，文明 .2020,(09)，第8页。

在秦汉时期，修建长城的最直接的目的就是在边境上修筑军事藩篱，但长城也有推进交通及贸易发展的作用。秦汉时期北方的游牧地区和农耕地区之间进行商贸交流的条件中，不容忽视的就是在长城附近形成并兴盛的"关市"所起的作用。河西长城的修筑起到了维护丝绸之路通畅的作用，沿长城一线，是东西地区文化进行交流的密集地区，长城也是向西北扩展文化影响力的强辐射地带。

在春秋战国至秦汉时期，中原政权通过军事行动、郡县设立、兴建长城、建设边镇、徙民开垦等一揽子措施向北方地区拓展。其中，兴建长城与边镇建设相辅相成，互相作用。通过城镇建设促进了沿长城一带人民的生产生活兴旺发展，吸引百姓在这一地区定居生活，所以在边疆地区开发措施中一般优先建立城镇。和内地城镇突出的经济功能与管理功能不同，边塞城镇的建设首先突出的是它的军事功能，然后是农垦功能，同时也兼具政治功能、经济功能、交通功能和商业功能。边塞城镇建设与长城修筑、屯田开发互为条件，相互依托，达到了在边疆地区将战、守、耕相互结合、三位一体的目的，保证了这一时期中原政权边疆防御系统的有效运行及不断完善。[1] 秦汉时期的长城在胡汉融合方面更是起到了重大的作用。历朝历代，长城的修筑都体现出中华民族一贯的向往和平，不断延续保护文明的民族特点和积极进取的民族精神，这在中华民族的发展过程中体现出重要的价值。

战国后期，在中原地区的农耕民族同畜牧民族的斗争中，农耕华夏民族取得胜利，而畜牧戎狄民族除一部分被融合于华夏民

---

[1] 王绍东:《论战国秦汉长城与边塞城镇建设及其功能》，西安财经学院学报，2017年10月，第30卷第5期，第95页。

族外，另一部分则被排斥到越来越靠北的地区，基本结束了农耕民族与畜牧民族杂居的局面。建造于战国晚期的阴山赵长城，正是这一斗争的产物，它把农耕民族与畜牧民族在地区上明显地区分开来。从古代我国农牧经济的发展过程来看，春秋战国时代以铁制农具和牛耕的出现和普及为标志的农业革命，促进中原农耕经济的迅速发展和四向扩大。其结果是不仅中原地区的游牧经济成份逐步消失，同时也把农牧业分界线向北推进到阴山一线，达到当时的生产力水平和自然条件的极限。这样中国古代历史上由于受自然气候条件限制而形成的中原单一农业经济圈和草原单一牧业经济圈开始出现，阴山赵长城实际上就是这一经济发展过程中的特殊现象，地理上基本沿着我国干旱区与湿润区的界线东西延伸，成为农业社区和牧业社区的具体分界线。[1]

秦一统六国，筑万里长城以拒胡。汉武帝时期将长城延伸，以保国泰民安。东汉时期，因边疆局势的变化，长城逐渐丧失其功能，产生了"以夷制夷"政策，逐步发生了民族的大融合。在中华民族多元一体格局形成的过程中，秦汉时期居于极重要的地位。在这一时期，各民族间交流交往交融频繁，同时各民族发展程度高，这为我国各民族融合的发展体例奠定了基础。同时这一时期，一个游牧民族统一了北方草原上的诸多民族，并以长城为界与南方农耕地区的中原政权相对峙，这个游牧民族就是匈奴。

秦在兼并六国后，领土扩大至长江以南地区。在秦初期，向北进攻匈奴，收复了河套地区。在百越一带，派屠睢率50万兵

---

[1] 白音查干：《最初人为农牧分界线的确立》，中国历史地理论丛，2000年.01期，第8页。

力将该地区平定。秦的领土面积快速发展至大约340万平方公里。[1]秦疆域的范围东部到辽东地区，西到高原地区，南到岭南地区，北到阴山一带。秦的疆域范围在西汉时被继承。汉以后的北魏、北齐、隋、金、明各朝都以修筑长城来抵御北方的游牧民族。在研究我国古代边疆史、民族史、长城史时，都需要研究秦汉时期的长城，它对于我国古代各民族之间关系的发展有着非常重要的意义。

  在我国北方活动的少数民族很早便在史料中有记载。夏时期，北方的少数民族有畎夷、荤粥，商时期有鬼方、羌方、土方，西周时期有猃狁、犬戎、山戎等等。春秋时期，"戎狄交侵，暴虐中国"的情况持续发展，导致"南夷与北狄交，中国不绝若线"。《史记·匈奴列传》中记载了北方少数民族的大致分布状况是"居于河西圁、洛之间，号曰赤翟、白翟。秦穆公得由余，西戎八国服於秦，故自陇以西有绵诸、绲戎、翟、豲之戎，岐、梁山、泾、漆之北有义渠、大荔、乌氏、朐衍之戎。而晋北有林胡、楼烦之戎，燕北有东胡、山戎。各分散居溪谷，自有君长，往往而聚者百有馀戎，然莫能相一"。《史记》中的这段记载与史料及考古发现基本吻合。通过考证圁水、洛水即今无定河及洛河。居住在河西的圁水、洛水之间，称为赤狄、白狄。通过对李家崖东周墓葬的年代和文化性质的讨论以及对古代文献中白狄记载的梳理，从春秋中期偏晚开始的李家崖东周墓应当是河西白狄的遗存。通过对陕北清涧县李家崖东周墓地两种文化性质的陶器的研究，可以看出双耳罐与三足鬲具有北方文化因素。根据李家崖墓地的年

---

[1] 宋岩:《中国历史上几个朝代的疆域面积估算》，中国社会科学院，1994年，第150页。

代和古代文献可以确认，这批墓葬是东周时期河西白狄的遗存，而且随葬陶器的文化性质和文献都印证了白狄与晋国有着密切的联系。[1]而赤狄则分布于黄河以东太行山区域。在洛河以西的泾水、渭水上游分布着义渠、大荔、乌氏、朐衍、绵诸、绲戎、翟、獂等部族，他们被司马迁统称为戎。这一地区的大部分地区被秦兼并，一部分少数民族向西迁徙。林胡、楼烦、山戎、东胡活跃的地域则分布于今山西、河北北部，辽宁西部和内蒙古东部地区，鄂尔多斯高原的东部。关于以上四个古代民族的分布范围在学术界上一直争议不断。广泛分布于辽西地区的夏家店上层文化及魏营子文化的族属问题的争议也在持续不断的进行着，一部分学者认为其族属是山戎，而一部分学者则认为是东胡。[2]

随着诸国变法的基本完成，从战国中后期开始，战争激烈化，秦、赵、燕三国也开始疯狂地向北扩充领地。随后，扩充占领了部分区域之后三国也不约而同地修筑起了长城以拒胡。

战国时期，赵国为了抵御南方的魏国和北方匈奴的进攻，分别在其境内南部和北部边境修筑了长城，即赵国南长城和赵国北长城。赵北长城为赵武灵王时期修筑。赵武灵王赵雍是一位敢于革新和激励推进民族文化交流的君主。赵雍以推行"胡服骑射"而著名，引进有利于赵国的胡人生活及武备等，使得国力、军力都得到了大大的增强，正是因为赵武灵王敢于革新，使得赵国取

---

[1] 杨建华：《陕西清涧李家崖东周墓与"河西白狄"》，考古与物，2008年5期，第35页。

[2] 靳枫毅：《夏家店上层文化及其族属问题》，《考古学报》，1987年第2期，第30页；韩嘉谷：《从军都山东周墓谈山戎、胡、东胡的考古学文化归属》，《内蒙古文物考古文集》，中国大百科全书出版社，1994年；林坛：《东胡与山戎的考古探索》，《环渤海考古国际学术讨论会论文集》，知识出版社，1995年；朱宏：《夏家店上层文化居民的种族类型及相关问题》，辽海文物学刊1989年1期.

得了一系列的战争上的胜利。赵武灵王二十六年（前300年），赵武灵王亲自统帅军队，攻灭中山国之后出兵攻破了北方的强敌林胡和娄烦，迫使他们向北迁移。赵武灵王二十二年（前304年），赵国疆土一度扩展到了九原和云中地区，疆土包括了今天的内蒙古托克托和内蒙古乌拉特前旗一带以及今河套地区。赵武灵疆土扩展之后往边疆地区移民从事开垦等农业活动。赵武灵王二十年（前306年），为防北方民族的侵扰，开始修筑著名的赵武灵王长城。据《史记·匈奴列传》记载："赵武灵王变俗，胡服，习骑射，北破林胡、楼烦，筑长城，自代并阴山下，至高阙为塞。""并阴山下"即今察右前旗、卓资县灰腾梁山的南麓以及自卓资县以西分布大青山、乌拉山南麓。这一地区的赵长城东段至今仍有保存。赵国北长城在赵国灭亡后被秦始皇用来修筑了万里长城。

燕昭王时期修筑的燕北长城最主要的目的是在开拓边疆东北地区之后以防止东胡及箕子朝鲜的攻击。关于燕北线长城的起止和走向，《史记·匈奴列传》记"西起造阳，东至襄平"，但造阳到底在什么地方，可谓众说纷纭，莫衷一是。清末舆地学家杨守敬认为造阳是今长城的独石口，从独石口到张家口连成一线就是上谷郡的北界；齐绍南认为造阳在开平的小兴州；李文信先生则认为从今独石口到滦河源一带属造阳。已有学者根据最新调查的资料绘出了燕内、外线长城的走向示意草图，燕的内线长城延伸到朝鲜半岛的一段，其遗迹现在也被发现就是被朝鲜考古学界所称的大宁江长城。大宁江长城的遗迹是朝鲜社会科学考古所等单位的研究人员在1986年4月调查时发现的。长城的基址位于大宁江及其支流昌城江的东岸。这段长城的走向，南起朝鲜平安北道博川郡的中南里，向北经博川郡的元南里、宁边郡的古城里、秦川郡的龙兴里、东仓郡的鹤峰里等，直到东仓郡的新安里，共经4个郡13个里，长达120公里。朝鲜方面在调查报告中说，当地朝鲜老百姓一直称大宁江长城为万里长城。我国学者根据朝鲜方面的报告，参考诸多史料记载和我国境内长城遗迹的发现，认为大宁江长城的北段正好与鸭绿江以西的宽甸县境内发现的战国长城遗迹相接，"确信它是当年燕国北长城的最东段"，确切地说，大宁江长城应是燕北长城内线的最北段长城的东长城。[1]

综上所述，随着秦、赵、燕三国军事扩张，原本居住于该区域的白狄、义渠、林胡、楼烦、东胡等少数民族或被吞并，或被驱逐。到战国中晚期，我国首次形成了从陇西到辽东的线状防御体系——长城。在长城以南地区，戎、狄、胡等民族一部分逐渐被同化，一部分迁移至边疆地区。长城以外地区的民族在战国末至西汉初的一段时间里，经过了一段时间的融合，形成了与中原地区农耕文化的中原民族完全不同的游牧文化民族——匈奴。

秦汉之际，冒顿单于统一各部，建立了强大的奴隶制王朝，之后占领了河套地区。西汉初期，西汉政府与匈奴的关系还处于被动的局面。著名的白登之战，刘邦亲率大军北击匈奴，被匈奴包围在平城白登山，七天七夜无法突围，后来派人贿赂了皇后阏氏才得以脱身。此后，西汉政权对匈奴政权，基本上采取一种防御的策略。在汉匈关系中处于被动状态，施行联姻的政策维持双方的联系。西汉建立后，匈奴仍然威胁着中原地区汉民族平稳生活，出现了"汉兴以来，胡虏数入边地，小入则小利，大入则大利""攻城屠邑，殴略畜产""杀吏卒，大寇盗"等情况，这在很大程度危害到西汉北部边境的安定，给西汉时期居住在北方地

---

[1] 张永廷·张馨文：《秦始皇为何要修万里长城》，社区，2008年，第5页。

区的人民带来了严重的灾难。而在汉中原政权方面，从汉高祖刘邦被围平城之后，由于自身实力不逮，且有诸多内政事务亟待处理，为了解决匈奴的侵扰，汉与匈奴方面采取了和亲政策。在军事上，汉王朝尽量不与匈奴发生战争，采取消极防御的策略。但是和亲并不能有效解决匈奴的侵扰，汉朝北部边疆问题仍然严峻。但和亲政策也有一定积极意义，它对汉王朝发展生产、恢复经济、提高综合实力提供了必要的时间条件和环境条件。在汉文帝和汉景帝时期，休养生息，统治者推崇黄老"无为而治"的思想，以此制定国家发展政策，使凋敝的社会得到休息，经济得到发展。"汉兴七十余年之间，国家无事，非遇水旱之灾，民则人给家足，都鄙廪庾皆满，而府库余货财。京师之钱累巨万，贯朽而不可校；太仓之粟陈陈相因，充溢露积于外，至腐败不可食。众庶街巷有马，阡陌之间成群。"这个时期的汉王朝国库充盈，社会平稳安定，国家已经积累了许多财富，这为汉武帝发动战争创造了有利的条件。同时，也正是这一时期，为胡汉交融提供了有利条件，推动了胡汉文化及民族的交融。

西汉末年匈奴分裂为南北两部，南匈奴部众驻牧上谷、雁门等汉北八郡之内，与汉人实现了区域融合。北匈奴西徙，其旧地则被鲜卑人所据。东汉以后，汉王朝与匈奴的商贸活动不断、双方文化的交流持续发展，中原先进的经济、文化对南匈奴产生持续、深刻的影响。在这样的地理环境及文化环境的影响下，南匈奴的汉化是必然的。汉宣帝时，呼韩邪单于"款塞"入朝，迎娶王昭君，开创了北方少数民族游牧政权主动接受中原政权领导的先例。

司马迁在描述战国时期的北部边疆时这样记载"当是之时，

冠带战国七，而三国边于匈奴"[1]。自此，这个崛起于北方草原的游牧民族正式登上历史舞台。在往后的七个世纪的时间里，对我国历史发展的走向有着重要影响，进而影响到世界历史的发展。遇其处于顶峰时期时，秦汉王朝都为了防范其南侵，相继在我国北方修筑了绵延万里的长城。

在中国古代很长的一段时间，匈奴与汉王朝之间一直保持着频繁的经济贸易往来以及文化交流。根据史料记载，汉匈经贸活动的主要形式可分为互通关市、扶持援助、和亲贡纳、奉遗回赠以及民间交换。中原政权认为，大量物资流进匈奴，会增加匈奴的力量，尤其是铁器及粮食，所以在开放关市前期，西汉对于汉匈之间物品的流动有着较多的限制。在汉武帝刘彻时期，对出口的经济作物加以限制，避免其流入匈奴地区，从而削弱匈奴政权。所以汉匈民间的一些物资交换属于非法行为，在史料中并未记载。但在汉匈人民的日常生活中，越来越离不开对方所提供的生产生活资料，两地居民日常生活的联系越来越紧密。通过和亲等官方进入匈奴的物资，面向的是匈奴的统治阶级，并不是匈奴的百姓，而互市却不能完全满足汉匈两地人民的需要，所以双方民间的经贸往来的活动一直都存在。在诺彦乌拉 M25 中出土的木质马具无疑是中原技术的产物，而这件器物的出土证明匈奴人从中原地区贸易得来的物品可以再次通过匈奴人到各地进行贸易。[2] 通过匈奴人，中原地区的手工业产品可以贸易到世界各地。匈奴不仅与中原地区进行贸易，也和其周边的很多国家和民族进行商业上的联

---

[1] （西汉）司马迁：《史记》卷110《匈奴列传》，北京：中华书局，2013年，第2886页。

[2] [苏]С.И.鲁金科著孙危译马健校注：《匈奴文化与诺彦乌拉巨冢》，中华书局，2012年，第300页。

系，这点可以从诺彦乌拉出土的物品中得到证实。又比如，匈奴对中原地区和粟特之间建立联系时刻保持着一种警觉的状态。有段时间粟特还处于匈奴的掌控之中，进而当粟特人把来自中原的丝绸物品运往帕提亚及更远的西方之时匈奴人会对其进行管控。也会对西方运回的奢侈品，比如贵重的毛织物等进入到中原地区之时，匈奴人也会横插一脚，这点也可以在诺彦乌拉出土物品中找到充分的证据。

二、利益冲突

先秦时期的史学材料里，关于记载林胡，楼烦的内容里都没有提到"匈奴"一词，例如《战国策》中记载"燕东有朝鲜、辽东、北有林胡、楼烦"[1]。赵武灵王也提到"东有燕、东胡之境，西有楼烦、秦、韩之边"。在《史记》里，"匈奴"这一名称出现在战国晚期，最早出现在李牧任赵国将领守卫北部时期，"灭襜褴，破东胡，降林胡，单于奔走。其后十余岁，匈奴不敢近赵边城"[2]。林胡先是败于赵武灵王，后来又被李牧击败，在此之后历史记载中未出现林胡。有可能被分为了两部分，分别被赵和匈奴吞并并融合。冒顿单于时期楼烦也被匈奴所吞并。但是根据目前所发现的先秦史料，只有《战国策》中的一处提到了匈奴。在公元前230年左右，秦将樊於期亡入燕。对此，燕国的太傅鞠武说："急遣樊将军入匈奴以灭口。请西约三晋，南连齐、楚，

---

[1] （西汉）刘向：《战国策》卷29《燕策一》，南京：南京大学出版社，2019年，第1039页。

[2] （西汉）司马迁：《史记》卷81《廉蔺列传附李牧传》，北京：中华书局，2013年，第2450页。

北讲于单于，然后乃可图也。"[1] 从这里可以看出，此时的匈奴不但与燕接边，而且变成了能与三晋、齐、楚相提并论的政治力量。

利益上的冲突导致战争，同时也会因为利益，两个政权之间进行贸易，而贸易又会导致文化的交流及融合。秦统一后，继承了原战国时期秦、赵、燕三国的北方边疆，日益强大的匈奴威胁到了秦。公元前215年后，秦始皇"使将军蒙恬发兵三十万人北击胡，略取河南地"。而且"筑长城，因地形，用制险塞，起临洮，至辽东，延袤万余里"。这样一来，秦长城就将从今天的洮河北上，包括整个河套地区，将辽东半岛的广大地区包含在内。《史记·秦始皇本纪》记载，秦始皇命蒙恬北略胡地是因为见到有人奏录的书籍中有"亡秦者胡也"的言语。不论此事的真假，但可以说明此时的胡人或者匈奴，已经十分强大，且对秦国的统治构成一定的威胁。在秦三十万兵力的打击下，当时的匈奴单于头曼不胜而北徙，退到阴山以北的地区定居，直到十多年后，秦王朝的统治崩溃，农民起义不断"诸秦所徙谪戍边者皆复去，于是匈奴得宽，复稍度河南与中国界于故塞"[2]。这里的故塞，便是秦昭王长城。

秦末汉初，匈奴寻求向外扩张。数年中，冒顿单于逐渐统一北方，并且把秦朝时蒙恬将军北伐所略的地方全都收复回来，"与汉关故河南塞，至朝那、肤施，遂侵燕、代"[3]。其时，战国时期秦、赵、燕修筑的长城成为新兴的汉朝与匈奴之间大致的分界线。但

---

1 （西汉）刘向：《战国策》卷31《燕策三》，南京：南京大学出版社，2019年，第1129页。

2 （西汉）司马迁：《史记》卷110《匈奴列传》，北京：中华书局，2013年，第2887页。

3 （西汉）司马迁：《史记》卷110《匈奴列传》，北京：中华书局，2013年，第2890页。

是匈奴几次侵略攻至塞内腹地,西方则"去长安近者七百里,轻骑一日一夜可以至秦中"。北方则"引兵南逾句注,攻太原,至晋阳下"。

自匈汉第一次正面交锋,于汉高祖七年(公元前200年)发生了白登之围后,汉朝对匈奴实行和亲政策,以求边疆的稳定。虽然通过联姻、开设关市、岁奉匈奴物资等政策的有效性值得考证,但是从平城之围结束到马邑之谋的六十多年里,汉朝、匈奴的关系仍是以和平为主。在此期间匈奴曾经数次入边抄寇,但汉朝也只是出兵将匈奴驱赶出边塞,未深入追击。汉武帝年间,这种情况有所变化。从元光六年后,汉多次主动攻击匈奴。由于汉朝不断取胜,长城也开始慢慢向北、向西拓展修筑。

自古以来,游牧民族与农业民族之间相互侵犯、引发战争,一直是古代社会最为常见的争斗。游牧民族会为了生产生活物资侵扰农业民族。自从骑马术被发明以来,游牧民族凭借着高超的骑马术,一直对周边农耕社进行资源物资的抢夺。自然环境及条件的不同,会产生性质不同的社会,而游牧民族和农业民族正是基于这样的背景下形成了两种不同的社会。游牧民族会因为环境资源以及经济的需要不时地侵入农耕社会。游牧社会的经济生活主要是依赖于"逐水草而迁徙"的游牧式生活,因而高度依赖于自然环境,随着季节的变化而辗转于水草之间。如遇干旱,牲畜必然会因为干旱导致水草的缺乏而出现大量的死亡;若碰到大雪,也会因为大雪封天导致牲畜没有粮草而大范围的死亡。诸如种种,游牧社会高度依赖于自然环境,游牧社会会因为自然环境条件的变化而出现变化,再加上游牧社会的特色之一是个人及国家财产几乎绝大部分为牲畜。因此,牲畜数量的缩小会导致游牧社会内部的动荡,而迫使游牧民族向农业社会进行侵略,争夺物资。《史记》里记载到,天灾使匈奴"人民死者什三,畜产什伍"并不是夸大。农业社会的经济特点及其核心是农业的发展。农业相对稳定的生产模式,对经济、社会、文化等方面都可带来稳定性的增长,相对来说稳定性要比游牧社会强。正是因为这些原因,导致以游牧经济为主要生业模式的北方匈奴必然会窥视中原农业社会的种种。

春秋战国时期,经夏、商、周的融合积淀,中原地带形成了灿烂的华夏文化。同时,北方草原地带的游牧文化也得到了发展,文化差异日益显著。

精耕农业带来的经济繁荣增强了华夏民族优越感,华夏与四夷之间的民族矛盾也因为抢夺资源而进一步激化。上述原因使重视华夷之辨、内外之别的思想开始盛行。管仲曾提出"戎狄豺狼,不可厌也。诸夏亲暱,不可弃也"。苍葛强调"德以柔中国,刑以威四夷"。孔子也认为"裔不谋夏,夷不乱华"。这些强调华夷之辨的思想与商周以来的服事制和天下观相结合,形成了华夷五方格局,即《礼记·王制》篇中所阐述的:"中国戎夷,五方之民,皆有性也,不可推移。东方曰夷,被发文身,有不火食者矣南方曰蛮,雕题交趾,有不火食者矣西方曰戎,被发衣皮,有不粒食者矣北方曰狄,衣羽毛穴居,有不粒食者矣。"

到了公元前3世纪,北方匈奴建立了一整套完整的国家体系,统治结构分为中央王庭、东部的左贤王、和西部的右贤王等,控制住了从里海到长城的广大的地域,囊括了如今的蒙古国、俄罗斯西伯利亚、我国东北等地区。但此时汉朝周边的游牧民族还有很多,主要有东胡、大月氏、楼烦。其中东胡、大月氏实力都非常强大，而且匈奴夹在东胡与大月氏之间，左右受敌。匈奴强大起来之后，一度野心勃勃，经常劫掠中原。正如前文所分析，匈奴因为游牧生产模式的原因，必会窥视中原农业经济为主的社会，通过劫掠、贸易等方式进行自身资源的补充。于是，中原诸国与匈奴爆发战争是常有的事情，有两次战争致使匈奴损失惨重。战国晚期，李牧与匈奴交战时，出动一千三百乘战车、一万三千人的骑兵、五万步兵、十万弓箭手，大破匈奴十余万骑，此后，匈奴十余年不敢南犯。秦始皇统一中国后，秦始皇三十二年（前215年），命蒙恬率领30万秦军北击匈奴，收河套，屯兵上郡，"却匈奴七百余里，胡人不敢南下而牧马"。随后，秦始皇还命令蒙恬修筑长城，防备匈奴再次入侵。这两次战争的失败，对匈奴打击很大，应该与此后一段时间匈奴不敢轻易南侵有关。尤为重要的是，匈奴也有自己的敌人——大月氏与东胡。随着秦末乱世到来，中国陷入一片混乱，但匈奴却没有时间南侵，而是在冒顿单于的带领下打败东胡与大月氏，一统北方草原，建立起庞大强盛的匈奴帝国，疆域南起阴山，北抵贝加尔湖，东达辽河，西逾葱岭，号称将诸引弓之民并为一家，拥有控弦之士三十余万，成为北方草原最强大的国家。

春秋战国时期加剧的民族矛盾和诸国对外扩张推动了秦、赵、燕长城的修筑，这三国的北进扩张及其长城的修筑，又使该地区原住居民或被华夏诸国吞并同化，或投向"胡人"而成为后来匈奴的一部分。该趋势又被秦始皇的驱胡政策以及修筑长城所反复且不断加强。这种以长城为边界的人群分化，不仅为匈奴及以后的汉民族的形成奠定了基础，而且还以高墙的形式划定了民族形成的"共同地域"，进一步影响其内部成员的民族认同，和"共同的心理素质"。在此同时，北方地域也完成了全盘游牧化的过程。匈奴在秦末汉初崛起，汉朝继续利用长城抵抗其侵扰，并在汉武帝年间构筑成一个成熟完备的长城防御体系。秦汉长城防御体系的产生与北方民族有着密切的关联。

汉匈的战争一直持续的原因是匈奴需要中原王朝的农产品及织物等物品，而中原王朝则需要他们的牲畜等资源。这就是中原农耕文化与草原游牧文化之间的矛盾以及互补。匈奴曾多次侵扰西汉，因为匈奴与西汉间缺乏稳定的贸易交往。在汉景帝四年（前153年），匈奴还迫使汉景帝刘启在两国边境开放互市贸易。后来因为利益上的冲突及激化，在汉武帝元光二年（前133年）西汉的统治者武帝和匈奴开战，但并没有取得最后的胜利。征和三年（前90年），汉朝军队在杭爱山地区击败了匈奴，将其势力限制在北方大草原地带。

《汉书卷六·武帝纪第六》："春，诏问公卿曰：'朕饰子女以配单于，金币文绣赂之甚厚，单于待命加嫚（慢），侵盗亡（无）已。边境被害，朕甚闵（悯）之。今欲举兵攻之，何如？'大行王恢复议宜击。夏六月，御史大夫韩安国为护军将军，卫尉李广为骁骑将军，太仆公孙贺为轻车将军，大行王恢行将屯将军，太中大夫李息为材官将军，将三十万众屯马邑谷中，诱致单于，欲袭击之。单于入塞，觉之，走出。六月，军罢。将军王恢坐首谋不进，下狱死。"

从上述汉武帝对匈奴单于发动战争也可看出，双方之间主要是因为利益上的冲突导致矛盾激发，最后导致战争。汉朝与匈奴的贸易在两汉时期持续进行，即使汉初双方战争不断，但匈奴贵族仍希望双方开展边境贸易，以得到更多的汉地物品。汉朝也想通过互市加强联系、牵制匈奴，便在边界地点开展贸易。

《汉书卷九十四上·匈奴传第六十四上》记载："汉使马邑人聂翁壹间阑出物与匈奴交易，阳（佯）为卖马邑城以诱单于。单于信之，而贪马邑财物，乃以十万骑入武州塞。汉伏兵三十余万马邑旁，御史大夫韩安国为护军将军，护四将军以伏单于。单于既入汉塞，未至马邑百余里，见畜布野而无人牧者，怪之，乃攻亭。时雁门尉史行徼，见寇，保此亭，单于得，欲刺之。尉史知汉谋，乃下，具告单于，单于大惊，曰：'吾固疑之。'乃引兵还，出曰：'吾得尉史，天也。'以尉史为天王，汉兵约单于入马邑而纵，单于不至，以故无所得。将军王恢部出代击胡辎重，闻单于还，兵多，不敢出。汉以恢本建造兵谋而不进，诛恢。自是后，匈奴绝和亲，攻当路塞，往往入盗于边，不可胜数。然匈奴贪，尚乐关市，耆（嗜）汉财物，汉亦通关市不绝以中之。"

汉朝时期，一些中原商贾经过边疆郡县再出入关塞，驱赶着牛车运输货物，并进行经商贸易。汉简的记载与正史的内容吻合，经济方面互相补充，互相依赖，文化方面相互影响。双方始终保持着密切的经济文化交流，促进了中华民族多元一体格局形成和发展。历史证明：从经济物资方面来看，匈奴地区与中原地区是互为补充互相依赖的关系。经济贸易的开放符合了当时实际的需要。往来于汉匈间的商贩们的交换活动，不仅补充了双方经济方面的缺欠，也维系了彼此间的经济依赖。

三、互通有无

秦朝时，大将蒙恬还在北方筑城，作为进攻游牧民族的根据地，却匈奴700里，收复了河南地。后来中原大乱，楚汉相争，匈奴又南下占据河南地。汉朝建立后，游牧民族势力强大，一度将战火烧到了距离长安十多公里的甘泉宫。因此，汉朝在秦长城的基础上，再次修筑长城。在汉朝的立场上，修长城固然是笨办法，万里城防，处处要守，处处薄弱，匈奴人只要攻破其中一点，边防万里就都成了壮观的摆设。可是，如果没有了长城，游牧民族就不是一年来一次两次，而是天天来，月月来，跨过长城边界，侵扰内地。随着汉朝的反击，军事力量前推，汉朝的长城修到了内蒙古中部，随后在当地筑城，起名叫做朔方郡，汉武帝移民实边，开发边地经济，一时间经济建设浪潮风起云涌。没过多久，汉朝的经济开发热潮就褪去了，因为塞北的气候和水土不适合农耕，土地盐碱化、荒漠化严重，汉朝最终又放弃了过于偏远的城池。由此，游牧民族与农耕民族的分界线就被固定了下来，依据长城边界基本确定分界线。长城依据山势修建，东起山海关（辽西走廊），西至嘉峪关（河西走廊），依阴山山脉、贺兰山脉、祁连山脉等北方山脉走向绵延不断。在山体中间的谷地通道，设置了许多雄关，屯驻了大量的士兵。这样一来，边地一旦闻警，各处烽烟共举，游牧民族尽管有骑兵之利，也不能在有着充分准备的军队面前占到多大便宜。后来，中原王朝还发现了长城拥有着另外一层重要的作用：杜绝走私。游牧民族经济脆弱，以抢掠补充不足的生活资料，但是南方的边境线日益加固，使得他们抢无可抢，只能又求互市。中原王朝因游牧部族频繁的寇边行为，对其戒备严防，不肯轻易与其开边互市。游牧民族只能通过重金求购的方式，致使一些唯利是图的商人不顾中央政府法令，将大量违禁物资走私到北方草原。

我国古代在官府监督控制下进行的国家或民族之间的贸易往来称为"互市"。《后汉书·乌桓传》曾记载:"岁时互市焉。"互市起始于汉代。汉初与匈奴通商,汉武帝元狩年间,张骞出使西域,开通丝绸之路,使中国的茶叶、丝绸、工艺品等不断销往国外和边疆地区。到魏晋时期,西北陆路的贸易更见繁荣。《隋书·食货志》说:"河西诸郡,或用西域金银之钱,而官不禁。"隋唐时期,在京师设四方馆,"掌方国及互市事",并在西北边地设有互市监,"掌蕃国交易之事"。在沿海一些地方还设有市舶司,经管海路通商事宜,从而海路贸易在我国也有了很大的发展。[1]

秦汉时期的贸易与战事扩张是双向的,贸易可以为扩张铺平道路,扩张也可以为贸易提供机会。通过贸易,双方可以互通有无,带动文化的交流及交融。虽然长城是我国北方游牧社会与中原农耕社会对立冲突的产物,但还有另一个更重要的作用和意义即长城的建造为汉族与边疆少数民族之间的和平相处创造了条件。

首先是关市。关市,原本是指位于城门关口的市集,汉代则多指边关附近与少数民族进行货物贸易的集市,如胡三省所说"汉于边关与蛮夷通市,谓之关市。"秦朝时期是否在北边设置了关市,无法考证。汉匈之间关市活动的最早记载,见于《汉书·匈奴传》。景帝时,"复与匈奴和亲,通关市,给遗匈奴,遣公主,如故约"。武帝即位初期,"明和亲约束,厚遇,通关市,饶给之"自文帝直至武帝初年,关市虽时断时续,但其与和亲一样,是汉匈之间维持和平关系的条件之一。出于匈奴内部的物资要求和大体和平的需求所在,出现了"匈奴自单于以下皆亲汉,往来长城下"的局面。马邑之谋汉匈和亲关系破裂后,匈奴一方面频繁入侵汉边,

---

[1] 熊辉:《互市—我国古代的对外贸易》,财会月刊,1991年第4期,第46页。

一方面则"尚乐关市,嗜汉财物,汉亦尚关市不绝以中之"。数年时间里,战事与关市并存于长城沿线。直到马邑之战后五年之秋,汉军对关市吸引而来的匈奴人进行了大举攻击后,这之后的西汉之史籍也没了汉匈之间关市的记载。

东汉边地关市进一步发展,除匈奴以外,汉朝与乌桓、鲜卑等少数民族都有互市。建武二十五年,东汉复置护乌桓校尉于上谷宁城,"并领鲜卑,赏赐质子,岁时互市焉"。建武二十八年,北匈奴单于"数乞和亲,又远驱牛、马与汉合市"。元和元年,"武威太守孟云上言北单于复愿与吏人合市,诏书听云遣驿使迎呼慰纳之。北单于乃遣大且渠伊莫警王等,驱牛、马万余头来与汉贾客交易。"汉朝与北方少数民族进行关市贸易的主要地点,当在长城沿线险要关隘之处。如贾谊所说,"夫关市者固匈奴所犯滑而深求也,……因于要险之所多为凿开,众而延之,关吏卒使足以自守。大每一关,屠沽者、卖饭食者、美腥炙胾者,每物各一二百人,则胡人著于长城下矣"。可以看出关市的地点一方面需要广阔的场所,另一方面需要防止外族侵扰。上文提及的乌桓、鲜卑来互市的上谷郡宁城,北匈奴来交易的武威郡,以及"击胡于关市下"的四将军各自所出之上谷、云中、代郡、雁门四郡之塞下,都应曾举行过关市贸易。其中武威郡的郡治姑臧,在两汉之际,"通货羌、胡,市日四合,"即一天之内举行四场集市,使得"每居县者,不盈数月辄致丰积。"可见关市贸易之繁荣。

除关市以外,长城附近还存在一些农民之间自发的贸易活动,如走私贸易。《集解》裴骃注曰"奸音干。干禁,犯禁私出物也。"又引《汉书音义》曰"私出塞与匈奴交市。"聂翁壹,《史记·韩长孺列传》称其为"马邑豪"。马邑之谋前正值汉匈的和平时期,匈奴从单于往下都亲汉。此时聂壹通过走私能够获得单于的信任，说明目前汉匈之间的利益关系并不能让匈奴满足，匈奴企图通过走私谋取私利。而汉朝进行走私一类的大多数是地主和贵族，物资中有兵器、工具等，能够满足匈奴的私欲。长城塞上设有许多关隘，而汉律中对走私出塞者的刑罚也十分严峻，如张家山汉简中《二年律令》之《津关令》记载"御史言，越塞阑关，论未有口，请阑出入塞之津关，黥为城旦舂，越塞；斩左止趾为城旦"，在《盗律》也有"盗出黄金边关徼，吏、卒徒部主者智知而出及弗索，与同罪弗智知，索弗得，戍边二岁""盗出财物于边关徼，及吏部主智知而出者，皆与盗同法弗智知，罚金四两，使者所以出，必有符致，无符致，吏智知而出之，亦与盗同法"的记述。可以看出汉代对走私的行为是不容存在的。情节严重者，甚至达到死刑的地步。在严刑峻法之下，征和三年武帝所颁之《罪己诏》中言道"今边塞未正，阑出不禁，障候长吏使卒猎兽，以皮肉为利，卒苦而烽火乏"，这个时期的贵族从走私中获利而忽略了边塞的安全已经是一种常态。这种情况在东汉时有记载，熹平六年（177年），议郎蔡邕在其上奏中说道"……关塞不严，禁网多漏，精金良铁，皆为贼（鲜卑）有"。中原地区的物资被走私到塞外，促使了塞外少数民族的经济发展。但并不是只有中原的物资会被收购，塞外的物资也会被中原人士购买。如景帝中二年（前155年），有一功臣后代因"坐寄使匈奴买塞外禁物"而被免去了爵位。走私作为汉代明令禁止的贸易活动，为此设立法律法规，执行刑罚，但仍然不能避免民间活动的频繁来往。

对于游牧社会来讲，其主要财富就是牲畜，牲畜是衡量游牧民族财富多寡的标准。正如全文所述，因北方匈奴的自然环境条件而形成了以游牧经济为主的生业模式，而这种生业模式有着较为明显的短板。虽然匈奴有农耕的痕迹，但是就农耕的程度在整个匈奴的经济里显然支撑不起匈奴的经济需求，又无法达到农业与畜牧的平衡。正是因为这个原因，所以需要与农耕社会达成"愿以所有，易其所无"的必要。首先，匈奴需要得到农产品。虽然游牧民族以"食兽肉，饮其汁"为主，但是并不代表匈奴不需要米谷粮食，又因北方的寒冷导致匈奴需求酒、盐等产品。尤其是匈奴贵族，对生活质量要求更高。这种对农产品的需求量，不是草原上稀疏的灌溉农业所能供应的。其次，匈奴的手工业的不发达导致匈奴人对绢麻制品、各类金属器物和饰物有着一定的需求量。但是游牧社会里手工业的发展受到一定的限制，导致匈奴手工业发展并不足以满足他们的需求，在这种情况下匈奴为了得到这类产品或是交换或是掠夺。

游牧民族与农耕社会间贸易的有无跟两者间的战和有极大关系：

（1）游牧民族的生活方式决定了其有向稳定的农耕社会寻求物资的必要。游牧民族采取互市与和亲的和平方式与农耕社会进行物资交换，也可以通过武装掠夺的方式抢夺物资。但和平方式的物资交换可以实现长期的物资稳定，而武力是暂时性的，所以武装掠夺只存在于必要情况之下。

（2）游牧民族与农耕社会进行外交的最终目的是经济交换。游牧民族与农耕社会有着无法割舍的经济交换关系，两个不同性质的文明进行外交活动的主要目的是双方经济上的安稳，尤其是游牧民族依靠不稳定的社会生产无法保障社会经济的稳定发展，所以需要与农耕文明进行外交从而获得稳定的物资，这便促使游牧民族与农耕社会之间的外交活动成为一种无法割舍的经济交换关系。

（3）中原王朝对这种贸易却常不从经济方面着眼，而是着眼于政治方面。中原王朝自古以来都把自己当作是中原之主，国土富饶，物资丰富，所以游牧民族与中原王朝的贸易是对中原王朝的一种朝贡方式。对中原王朝而言，通关市与赏赐礼物是建立稳定秩序的代价。

（4）政治原因和财政上的困难往往是中原王朝切断或减少与游牧民族贸易的主要原因。于是，武力斗争成为游牧民族扩大市场的唯一手段。在游牧民族看来，战争和贸易是可以共同存在的。贸易是武力的目标，武力是贸易的后盾。军事行动给游牧民族的贸易带来了机会；贸易量一般来说与游牧民族为此投入的武力力量是成正比的。这种贸易理论既考虑了中原王朝对外关系的特点又考虑到了游牧国家的经济特性，揭示了战争的最根本原因与游牧民族与中原的关系。然而，那些强调贸易的重要性的人必须考虑到与之相关的掠夺理论，这样才能获得更平衡的观点；农业国家的封闭并不是造成游牧民族对边境的入侵的唯一原因。因此，青木富太郎、胡亚夫、江尚伯夫等人认为游牧民族的一种重要生产方式是掠夺。动荡不定的社会生产力，古老的技术，以及人尽皆兵的特点都促使掠夺成为游牧民族的生产行为。掠夺的对象可以是：①各少数民族之间的相互争夺；②对来往经商的商人掠夺；③对农业社会的掠夺。来自自然经济的巨大物质诱惑是造成游牧民族对其进行掠夺的主要原因。统一的组织条件和强大的战斗力是游牧民族发起大规模战争的必要条件。例如，和亲之约再三被违背，游牧民族入侵汉朝边境。明代第一次入侵导致的土木之变的基本动机也是掠夺。江上波夫指认为匈奴人掠夺的主要目标是①牛羊；②人力；③物质生产资料。牛羊和人力是游牧民族不可或缺的生存和生产手段，并且无法通过正规的交换获得，而物质生产资料则可以增加财富。少数民族首领及少数的贵族将朝贡贸易获得的利润全部据为己有，但是掠夺而来的物品则是被各大部落按照公平的原则分配。这种做法似乎成为了游牧民族的习俗。匈奴人"所得卤获，因以予之，得人以为奴婢，故其战，人人自趋为利"。可以得知掠夺是一项重要的生产行为，人人都可以在掠夺中获利。总之，游牧民族获取他们需要的物资主要是通过贸易和掠夺的方式。它们相互补充，各司其职。"中国与外族盛衰的连环性，中国的中央化和地方化与游牧社会的分散与集中两个循环的相互呼应和定居社会的内在失调足以将游牧民族拉进来"，都是针对这一现象而言的。

根据以上的叙述，汉代初期的中原"天子论"还没有形成制度化，平等的和亲制度是匈奴与汉朝建立关系的基础。老上单于写给文帝的信以"天地所生、日月所置匈奴大单于敬问汉皇帝无恙"开头。文帝也回答说："皇帝敬问大单于无恙。"狐鹿姑写给武帝的书也说："南有大汉，北有强胡，胡者，天之骄子也。"可以看出，汉朝时期，匈奴一直认为自己与汉朝处于同等地位，而汉王朝也默认这种平等的关系。汉宣帝时期，呼韩邪向汉朝进贡主要是由于汉朝实力的强大，并不代表匈奴认为与汉朝平等关系的转变。

除了来自汉朝的赏赐外，贸易与互市也是匈奴人获取食物的方式。"自是后，景帝复与匈奴和亲，通关市，给遗单于，遣翁主，如故约"，记载了匈奴与汉朝开始进行贸易的情况。"汉既班四条，后护乌桓使者告乌桓民，毋得复与匈奴皮布税。匈奴以故事遣使者责乌桓税，匈奴人民妇女欲贾贩者皆随往焉"，表明了匈奴人对互市的需求是强烈的。这是匈奴人可以长期稳定获得食物的一种方式。与此同时，匈奴人会通过掠夺的方式来补充他们的食物供应。"孝文十四年，匈奴单于十四万骑入朝那萧关，杀北都尉卬，虏人民畜产甚多，遂至彭阳"，记载了汉朝匈奴人的掠夺行为。"昭帝时，公主上书，言'匈奴发骑田车师，车师与匈奴为一，共侵乌孙，唯天子幸救之，'"记录了周边国家遭到匈奴的掠夺现象。这种现象大多发生在灾难发生的时期，并且他们掠夺的数量都很多。而匈奴人并不可能短时间内消耗如此多的食物，因此如何保存粮食也是匈奴人需要考虑的，储存粮食对于匈奴人来说十分重要。考古学发现匈奴人当时已经出现了固定的居住环境，这为匈奴人储存粮食提供了便利条件。"于是卫律为单于谋'穿井筑城，治楼以藏谷，与秦人守之。汉兵之，无奈我何"就是记载了匈奴人与汉朝争夺城池用以藏粮的。

根据历史记载，从楚汉相争到汉武帝登基的过程中，中国冬半年一直处于平均气温下降中。如果说农耕民族受气候影响较大的话，那么对游牧民族来说，气候的影响则是致命的。据《史记·匈奴列传》记载："其冬，匈奴大雨雪，畜多饥寒死"，"国人多不安"。匈奴的生存遭到了灭顶之灾，他们只能选择南下掠夺汉朝，所得来的粮食、布帛和铁器用来维持百姓生存和稳定统治者政权。这时候是两汉时期历史上少有的自然灾害多发时期。仅仅西汉一个朝代就有186次自然灾害，包括春夏季的雪灾和霜冻。通过这些记载就可以推断出，当时匈奴的草原必然也发生了这样的自然灾害。游牧民族对自然环境和气候的依赖性极强，这种毁灭性的打击，只能通过南侵掠夺来稳定统治者政权，不然匈奴帝国必定瓦解。

中原百姓作为农耕民族，特点是聚族而居、自给自足，以农业为主要经济方式，秦汉时期正是大发展时期，在同时期下，中原地区是先进生产力的代表，因此农业自古就被统治者看中。匈奴居无定所，逐水草而居，食物来源基本上都是牛羊之类，一旦遇到自然灾害，草木枯黄，牛羊没有食物来源，匈奴人也就得饿肚子。所以，汉朝跟匈奴不同的经济方式，导致匈奴对汉朝产生严重的依赖性。白登之围后，刘邦对匈奴开始采用了和亲、赠送大量财物政策，后来的统治者也一直在执行前期的政策。汉景帝时期，不光继续和亲，还"通关市"与匈奴发展贸易，即便是汉武帝继位之初，也依然"明和亲约束，厚遇，通关市，饶给之"。然而，汉朝的这些政策，不仅让大量的金银、棉帛、铁器、盐等流入匈奴境内，同时因为和亲政策，公主随嫁的队伍中带走了大量的匠人，匈奴的农业与技术发展得到极大提高。但互市的政策并不能满足匈奴，尤其在经济受到重创的情况下，他们并没有能力跟汉人互市，也就会造成"经济上依赖汉朝，军事上欺压汉朝"，这就导致他们还会通过掠夺的方式来满足所需。

此外，匈奴贵族对汉朝奢侈品的喜爱，也是他们持续侵扰汉朝的重要原因之一。在双方互市中，大量的丝织品、美酒等流入匈奴贵族社会，受到了他们的追捧。为了满足需求，匈奴必须通过掠夺来迫使汉朝输送粮食、丝织品和美酒等对于他们来说的稀缺的物品。历史记载的"匈奴入燕""匈奴入雁门""匈奴寇狄道"等都是匈奴贵族发动的，这明确说明了，匈奴贵族对汉朝各种物质的依赖，导致对汉朝的侵犯。

总体来说，秦汉之际，匈奴人虽然有强大的军事背景，但经济方面主要靠天吃饭，没有强大的生产力，而反观可以自给自足的汉朝，经济、文化、科技方面则有着巨大优势，但汉初的国力却不足。因此，匈奴想要满足日常所需的生活物资，维护稳定的政权，掠夺汉朝就成为了必然。

四、交融一体

汉元帝时期，匈奴呼韩邪单于款塞，曾上书：愿保塞上谷以西至敦煌，传之无穷，并请汉朝罢边塞吏卒以休人民。但当时的郎中侯应认为这种以匈奴保塞取代原先长城防御体系的方案有十不可，上书说："周朝和秦朝以来，匈奴暴戾强悍，不断侵略边境。汉王朝建立之初，尤其受到匈奴侵犯。北方边塞，东到辽东，外有阴山，东西长达一千余里，草崐木茂盛，禽兽众多，这里地势险要，正是匈奴畜养禽兽的圈地。直到孝武皇帝出军北征，把这一地区夺回，将匈奴赶到大漠以北。在此建立城堡，修筑道路，兴建外城，派遣军队前往屯戍守卫。这之后，边境才比从前稍稍安宁。漠北土地平坦，草木稀少，沙漠相连。匈奴前来侵扰，缺少隐蔽之地。边塞之南，道路深远，山谷起伏，往来十分困难。撤销边防军队，对夷狄大为有利，这是不能答应的理由之一。现在，圣上的恩德宽广宏大，如天一样覆盖着匈奴。他们感激救命之恩，叩头称臣。不过，夷狄的性情，穷困时谦卑顺从，强大时骄傲横逆，天性如此。之前的防御中已撤除了外城，减少了亭、燧等军事建筑，现在的边防军队，仅够担任望，互通烽火而已。古人居安思危，边防不可再撤除，这是理由之二。中国有礼义的教育，有刑罚的惩处，愚昧的小民也会犯禁。何况匈奴单于，不能绝对保证他的部众不违反规定。这是理由之三。即令在我朝境内，还在水陆要道设立关卡，用以控制封国王侯，使做臣属的断绝非分之想。在边塞设置亭障，屯田戍守，不仅仅是为了防备匈奴，也是因为各属国的降民，他们本是匈奴的人，恐怕他们念旧而逃亡。这是理由之四。近年来，接近边塞的西羌部落，与汉人来往。汉朝的官吏小民贪图财利，掠夺盗取他们的牲畜，甚至强占他们的妻子，因为这些怨恨，激起他们叛变。现在如果撤除边防军队，可能发生因欺侮而起的纷争，这是理由之五。过去，从军的战士，很多人没有回来，留在匈奴，他们的子孙生活贫困，有可能大批前往匈奴投靠亲友，这是理由之六。沿边一带，奴仆婢子忧愁悲苦，想逃亡的人多，都说：'听说匈奴那里快乐，无可奈何的是边塞的监视太紧！'然而时常仍有逃出边塞的人，这是理由之七。窃贼强盗凶暴狡诈，结成团伙触犯法令，如被追捕得急了，就会北逃匈奴，则不可以制裁。这是理由之八。自从沿边设立要塞，已有一百余年，并不完全用土筑墙，有的利用山岩，有的利用石木，有的利用山谷，有的利用水峡，稍加连接增补，征发士兵、刑徒修建，长年累月，用去的劳力经费，无法计算。我恐怕主张撤除边塞的官员，没有深刻考虑到事情的来龙去脉，只想暂时减少戍边的负担。十年之后，百年之内，如果突然发生变化，而边塞已经破坏，烽火亭已经湮没，还要再征发戍卒修建。可是，百余年累积下来的工程，不可能马上恢复。这是理由之九。如果撤销边防军队，废除边境上用于伺望侦察的土堡，匈奴单于必定自认为保塞守边，对汉朝有大恩德，将不断请求赏赐，如果稍有失望，那么后果就难以推测。引起夷狄与汉族感情上的裂痕，毁坏中国的防卫。这是理由之十。由于以上十项理由，我认为：撤除边防军队，不是保持永久和平安定，控制百蛮的好策略"！从此番上书我们可以看出，除抵御北方游牧政权边患外，长城对汉朝内部统治秩序的维护也很重要，具体作用就是阻止长城以南的个人或集团北逃至匈奴。前文说到，长城的封锁效果并不理想，长城内外的人员非法流动问题始终存在，因此汉朝内部的确有许多个人或集团穿越长城而融入了匈奴。

尽管长城沿线有关隘、塞垣的阻挡，还有森严的刑罚和边吏严格的搜捕，但两汉时期依然普遍存在大军北逃的现象。边地亭隧的烽火信号当中，有一种"亡人表"，专门用于传递出逃信息，居延简对这种信号屡有记载。逃入匈奴的汉人有的生活困苦无以为继，有的违法犯禁被朝廷追捕，因而他们不得不冒险穿越长城在塞外寻求生存与发展。当然，除阑越长城之外，汉朝人口流向匈奴也有其他方式，如和亲、军队战败投降或被俘、通使滞留不归、受匈奴入寇掳掠而走等。逃出的汉人与其他流入匈奴的汉人一样，在塞外传播了中原先进的文化技术，促进了汉匈之间的民族融合。

游牧经济在北方草原占主导地位，匈奴人以游牧业为主，牛羊马群是他们的主要财富，既是他们的生活资料，也是生产资料。《史记·匈奴列传》中记载"匈奴的风俗，平常无战事时，则随意游牧，以射猎飞禽走兽为职业；形势紧急时，则人人练习攻战本领，以便侵袭掠夺，这是他们的天性。他们的长兵器有弓和箭，短兵器有刀和铤。形势有利就进攻，不利就后退，不以逃跑为羞耻之事。只要有利可得，就不管礼义是否允许。自君王以下，都以牲畜之肉为主食，皆穿皮革衣服，披着带毛的皮袄。强壮的人吃肥美食物，老年人则吃剩余之物。他们看重壮健之人，轻视老弱者。父亲死去，儿子则以后母为妻；兄弟死去，活着的兄弟就娶他的妻子为妻。匈奴人有名却不避讳，但没有姓和字。"从此段史料中，我们可以看出匈奴逐水草而居，属于游牧经济，不同于中原地区的农业经济，但《汉书》引用司马迁"毋耕田之业"的记载，又说到李广被匈奴人杀死之后，"正巧匈奴连着下了几个月的大雪，牲畜都冻死了，人们也害瘟疫得病，庄稼不能成熟"，颜师古解注"北方早寒，虽不宜禾稷，匈奴中亦有黍穄，"认为有耕田之业，这种黍穄应是耐寒耐旱的。但不论怎样，农耕经济在北方游牧民族的比重是很轻的，根本不居于支配地位。

匈奴以游牧经济为主，其中又以畜牧业为其经济命脉，因为其本身自然环境的限制，农业经济的发展缓慢而且薄弱，虽然考古资料中有关于其农业的痕迹和记述，但农耕文化的发展依旧空间有限；秦汉时期中原地区的农业在经济发展中已占主导地位，而少量的个体畜牧业也存在着。总体上看匈奴主要属于游牧经济；中原地区则主要属于农耕文化。游牧文化与农耕文化同时期存在，但发展空间不同，因而也就造成了彼此的矛盾，但矛盾双方又相互依存，在生产力较低的年代，农耕文明对游牧文明产生了极大的影响。

公元前3世纪，匈奴兴起，其当时所掌握的劳动工具，由青铜器逐渐扩大到铁器，使用领域也从开始的军事范围，扩展到社会生产和日常生活的领域。但是其制作铁器和铜器的原料需要从中原地区输入，贾谊曾因此上书汉文帝，用控制铜铁出口来辖制匈奴，可见匈奴的手工业虽有一定的发展，但还远远没有达到自给自足的程度，因此急需把他们的牲畜和皮毛与汉族的农产品和手工业品进行交换，从而满足生产和生活需要。匈奴对与汉朝的互市是极其重视的，大臣贾谊曾向汉文帝说："关市是匈奴人迫切需要的，如果派遣使者与他们和亲，允许他们通关互市，那么匈奴人都愿意聚到长城之下。"[1]其实，从汉景帝到武帝初年，匈奴人与汉人的互市一直在进行，边关贸易的发展吸引了匈奴的部分贵族和广大的牧民，这也是之后匈奴南迁的重要原因之一。亦邻真教授就曾说："南迁运动和南进运动的根本原因是综合经济对单一经济的吸引力，它使游牧民族不断向内地靠近和进入内地。在剥削制度下，由于各时期北方和内地力量对比不同，便表现为侵略、征服或投降、归附。于是微观现象的舞台上演出一幕幕正义与非正义、英雄与叛逆等等情节繁多、五光十色的历史剧。"

新朝时期，北方草原民族矛盾激化，原先西汉的长城防御体系也受到严重破坏。始建国二年（公元10年），匈奴与中原再度爆发战争，汉匈之间长达六十余年的和平局面被打破。次年，"单于历告左右部都尉、诸边王，入塞寇盗，大辈万余，中辈数千，少者数百，杀雁门、朔方太守、都尉，略吏民畜产不可胜数，缘边虚耗"[2]。而且边疆的军队长期固守不出，横征暴敛，形势进一步恶化，导致"数年之间，北边虚空，野有暴骨"[3]，"缘边大饥，人相食"，"边民流入内郡，为人奴婢"[4]。西汉时期，曾大规模徙民实边、屯田积谷，为长城防御体系提供了坚实的人

---

1 （西汉）贾谊：《新书》卷4《匈奴》，北京：中华书局，2007年，第2000页。

2 （东汉）班固：《汉书》卷94《匈奴传》，北京：中华书局，1962年，第3824页。

3 （东汉）班固：《汉书》卷94《匈奴传》，北京：中华书局，1962年，第3826页。

4 （东汉）班固：《汉书》卷99《王莽传》，北京：中华书局，1962年，第4138页。

员与物资保障，但此时却被严重破坏。至天凤五年（公元18年），"匈奴愈怒，并入北边，北边由是坏败"[1]。

汉光武帝时期，匈奴扶持卢芳、彭宠等汉人势力割据北疆，并且以此为跳板进犯今山西地区，乌桓、西羌也纷纷效仿。迫于此类威胁，东汉朝廷一方面派军队征讨抵御，一方面则将边民内迁。建武十三年（公元37年）后，"渐徙幽、并边人于常山关（今河北唐县西北太行山中）、居庸关（今北京昌平区西军都山中已东），匈奴左部遂复转居塞内"[2]。此后，匈奴多次侵犯上谷、上党、中山等地区，而东汉则"屯常山、中山以备北边"[3]。可以看出匈奴已经占据了长城以内今山西北部和河北西北的部分地区，而东汉抵御匈奴的防线已退至军都山—太行山一线。直到建武二十二年（公元46年）后，匈奴因为内乱分裂，乌桓又趁机击破匈奴迫使其北迁，东汉的北部防线才得以稳定下来。建武二十四年，南单于比率部款塞归附，二十五年，辽西乌桓大人郝旦等率众内附，诣阙朝贡，东汉朝廷分封乌桓首领，把他们纳入汉朝的统治秩序，与汉朝廷结成君臣关系。经过光武帝的分封，乌桓首领郝旦等人作为侯王君长，带领他们的部众迁徙到北边诸郡，同时招徕其他乌桓族人，由北边诸郡供给衣食。二十六年，令南单于初迁居云中，后迁西河美稷，东汉把乌桓从塞外迁到塞内，其迁徙范围从原先的五郡扩大到十郡有助于增强他们与边郡

---

[1] （东汉）班固：《汉书》卷94《匈奴传》，北京：中华书局，1962年，第3829页。

[2] （刘宋）范晔：《后汉书》卷89《南匈奴传》，北京：中华书局，1965年，第2940页。

[3] （刘宋）范晔：《后汉书》卷22《马成传》，北京：中华书局，1965年，第779页。

民众的联系，从而加快他们被汉化的进程。"使韩氏骨都侯屯北地，右贤王屯朔方，当于骨都侯屯五原，呼衍骨都侯屯云中，郎氏骨都侯屯定襄，左南将军屯雁门，栗籍骨都侯屯代郡。"[1] 此后，随着南匈奴归附东汉，并且二者联合对北匈奴取得了军事胜利，北匈奴部众大批内附称臣，如章和元年（公元87），"屈兰、储卑、胡都须等五十八部，口二十万，胜兵八千人，诣云中、五原、朔方、北地降。"[2] 这些新内附的胡人，也归南单于统属，分散在北部边疆诸郡。这些内附的少数民族，一部分保留其原有的部落组织形式，受汉朝调遣，一部分与汉人杂居成为编户齐民，但他们与汉族统治者之间，始终存在民族矛盾与阶级矛盾，因此在一定条件下会激化成严重冲突，有时甚至发生动乱。如永元六年（公元94年），匈奴十五部二十余万人反叛，不承认汉朝所封单于，欲返漠北另立王庭。永初三年（公元422年），南单于反叛。延光三年，"新降一部大人阿族等遂反畔"[3]。延熹元年（公元158年），南单于诸部并叛，与乌桓、鲜卑侵犯边关九个郡，九年，又与乌桓、鲜卑并反等。其中最为严重的，当属东汉中期开始的三次"羌祸"。第一次爆发于永初元年，羌人"遂寇三辅，东犯赵、魏，南入益州"[4] 如此状况逾十年之久；第二次始于永和四年（公元348年），且冻、傅难种羌等起兵进攻金城，又与西塞、湟中诸杂种羌胡联合，

1　（刘宋）范晔：《后汉书》卷89《南匈奴传》，北京：中华书局，1965年，第2945页。

2　（刘宋）范晔：《后汉书》卷89《南匈奴传》，北京：中华书局，1965年，第2951页。

3　（刘宋）范晔：《后汉书》卷89《南匈奴传》，北京：中华书局，1965年，第2959页。

4　（刘宋）范晔：《后汉书》卷5《安帝纪》，北京：中华书局，1965年，第211页。

进攻三辅、武都。次年春，东汉政府任命马贤为征西将军，率骑兵前往镇压，结果在射姑山（今甘肃庆阳北）被羌军击败，马贤及其两个儿子皆战死。羌军气势更盛，各部进一步联合起来。汉顺帝汉安元年（142年），巩唐种、罕种羌和诸种羌分别进攻陇西、北地和武威，汉军屡战屡败。此时内地连年发生农民起义，东汉政府内外交困，抽不出更多的兵力镇压羌人起义，于是一面加强关中地区的防卫，一面以"招抚"的办法诱降羌人。第三次"羌祸"则爆发于延熹二年，祸乱所及，遍及并、凉二州及三辅。除此三大羌祸外，小规模的叛乱也是时有发生。

至东汉末年，依然有不断内迁的少数民族。其中属于较大规模的，如中平年间，南匈奴于扶罗部留居河东平阳[1]；建安十二年（公元207年），曹操征乌桓，降其众二十余万及幽、并乌桓万余落并将其内迁，又选可战者编入军队；次年，居于河东的南匈奴被曹操分为五部，共三万余落[2]，而于扶罗初至平阳时不过数千骑，可见这一时期匈奴或主动或被动迁入河东的人数有明显增加。

这些内迁往往可划分为两种情形：一是在西汉末年和新莽时期，北方长城防线受到严重破坏，而东汉初年又无力安边的情况下，少数民族主动入居塞内；另一种则是东汉政府在以夷制夷、绥靖镇抚的政策下将少数民族安置或迁徙于长城内。鄂尔多斯高原凤凰山汉墓出土壁画可以反映出在中原任职的匈奴人的情况。凤凰山汉墓壁画中的人物应多为南匈奴人，墓主人应是"御史、

1　（刘宋）范晔：《后汉书》卷89《南匈奴传》，北京：中华书局，1965年，第2965页。

2　（唐）房玄龄：《晋书》卷97《北狄传》，北京：中华书局，2012年，第2548页。

郡守、都尉、县长之类"在南匈奴地区任职时习染了南匈奴胡俗的汉族中下层官吏。[1]

南匈奴在缘边八郡定居了四十年，使得他们的人口、生产都发生了极大的变化。《后汉书·南匈奴列传》记载公元90年，即当北匈奴兵败西遁之时"是时南部连克获纳降，党众最盛，领户三万四千；口二十三万七千三百"，平均每户为七人。每户有七人之多在匈奴方面来说是不多见的，应是匈奴隆盛时期的户口，与南匈奴四十年内的定居生息以及上述连年获降大量的俘虏奴隶有关。更引人注意的是，南匈奴传记载"胜兵五万一百七十"，换言之，即在二十三万七千三百人口中有五万一百七十兵丁分化出来，这与从前匈奴建国时的"士能弯弓尽为甲骑"有所不同。从前游牧时期的特点是战士和壮年牧民不分，此时因受汉代兵制的影响除五万多兵丁之外，还有一部分壮年牧民和老弱、妇女从事畜牧业、农业和手工业的生产。这种军队和生产者的分工，对于匈奴的经济发展来说是一种很大的进步。公元二世纪前后二十多年内，南匈奴不断往内地迁徙。公元94年南匈奴的新降胡叛变，由贵族逢候领导十五部二十多万人在塞外独立。公元96年，囤聚在朔方郡西北部的左部胡又叛逢候南下降汉，其胜兵四千人和弱小一万余口被汉朝分置于北边各郡。同年，南匈奴的另一部分由鸟居战领导逃往塞外山谷中，旋由汉军击溃，迁徙鸟居战部众数千人及匈奴诸部还降者两万多人于安定、北地二郡。公元118年，南匈奴的叛将逢候率残余部队一百多骑到朔方塞降汉，汉徙

---

[1] 甄自明·王琼·赵婷：《农牧交汇、胡汉交融：鄂尔多斯高原凤凰山汉墓壁画再分析》，赤峰学院学报（汉文哲学社会科学版），2020年第9期，第18—27页。

于颍川郡。此后，逢候深入内地，不再与南匈奴在边疆上从事内战。

作为汉赵政权的开创与存续者，刘渊家族是一个高度汉化的南匈奴家族。正是对中原文化熟稔，他们能够游刃有余地在中原文化传统找到维系政权合法的依据："帝王无常"说、"外甥兄弟"说来消解"胡人不可为君"说在种族上的限制；通过宣扬"晋德已衰"、阐释祥瑞灵征以及祭祀南郊来证明"天命在己"。然而，借助中原文化传统来赋予政权的合法性，同时意味着刘渊家族必须接受提供"帝王无常"说、"外甥兄弟"说等观念的整套中原文化传统。这时就出现了独特的"胡汉磨合"现象，皇帝这个职位为刘渊家族成员中的君主带来的专制与独裁权力，当他们运用皇帝的权力去逞欲遂愿时却发现，事实上自己带有非中原文化色彩的愿望受到中原礼制和门阀观念的强烈束缚。以万机之主自居的刘聪在"立后"事件中与他们展开了博弈与对抗。从这个现象可以看出胡汉融合进程中的复杂性与曲折性。[1]

关于匈奴的定居可以以筑城和凿井为例。逐水草而居的匈奴本无所谓建筑业，汉代中期以后，随着汉人大量流入和农业生产的逐步增加，匈奴定居一处的人数也逐渐增多，出现了若干城，如赵信城、范夫人城，前苏联和蒙古学者在漠北地区集中发掘出了属于公元前2—1世纪的匈奴城镇遗址，如伊勒沃加、高瓦一道布、德尔津方台地等。[2]汉代边民迁居漠北及汉文化的北传对漠北地区城市的建造产生深远影响，这些城址一般是北迁的汉人或汉化的匈奴贵族使用。至东汉初期，随着南匈奴内附和边郡内

---

[1] 潘尧：《知识视域下的胡汉融合——以汉赵政权创建与存续为中心》，史志学刊，2021年第4期，第19—28页。

[2] 衣保中：《腹边互动与我国历代边疆经济开发》，史学集刊，2012年第2期，第35—37页。

徙，文献中对漠北城市的记载再也难寻踪迹。蒙古草原地处亚洲大陆深处，南部紧挨着发达的中原农耕文明区、西邻中亚，外来文化及外部势力对其影响很大，汉朝边民北迁，带去了大量中原先进的农耕技术与汉文化，乌兰乌德曾发掘出汉人惯用的铁镰等农具。林幹据此认为匈奴人的农业受到了汉人很大的影响，农业技术就是从汉人那里传入，而从事农业生产的劳动者，大多也是汉人。[1] 匈奴生活资料的主要来源除掠夺、互市外，还有一部分应来自城址。如赵信城，元狩四年，"遂至颜山赵信城，得匈奴积粟食军，留一日，悉烧其城余粟而归。"许多学者以此认为匈奴从事农业生产，[2] 赵信城有为赵信及其部众提供物资供应的作用，但城中积粟没有明确的来源记载，有可能来源于诸多不同方式。赵信原本是匈奴贵族，战败后投降汉朝，武帝时期曾在多场战争中立过战功。但后来又兵败复降匈奴。赵信是接受过汉化的匈奴人，有可能城中的积粟就是城中的汉朝边民所种植的，赵信城的居民主要就是由汉人、匈奴人组成。虽然其中很多无法用二重证据法一一对应上，但都反映了漠北地区有过以城址为中心的农业活动。

秦汉时期，中原汉族与匈奴之间一直持续着战争的状态，但是并不妨碍两个地区之间的文化交流。战争从另一个方面来说也是一种文化交流与融合的渠道。无论是在战争时期还是在和平时期，秦汉时期中原汉族与北方匈奴之间从来没有间断过交流，如和亲、迁徙、互市、走私等都表现出了文化交流及文化融合的模式。

---

[1] 林幹：《匈奴社会制度初探》，林幹编：《匈奴史论文选集（1919—1979）》，第287页。

[2] 衣保中、王世红：《汉代匈奴粮食生产及其与中原的经济关系研究》，《中国农史》2015年第2期，第54—66页。

究其原因是秦汉中原汉族与北方匈奴之间的经济模式导致,中原地区以农耕经济为主,北方地区则以游牧经济为主,两者之间需要相互互补及融合,从而导致文化的交流及融合。纵观整个秦汉时期,中原地区与北方匈奴之间的文化交流主要以长城为基线,进而向更深入的地区推进进行交流,从而有了文化大融合和民族大融合。"孝景帝复与匈奴和亲,通关市,给遗匈奴,遣公主如故约"。西汉初期,因匈奴国力强盛,西汉国力较弱而进行了另一种贸易交流,即和亲政策。在这个时期,匈汉之间一直通过"互市"贸易进行着人员物资的交流。汉武帝时期,仍保持着这种经济贸易"今帝即位,明和亲约束厚待,通关市,饶给之。匈奴自单于以下皆亲汉,往来长城下"。可见,这个时期的匈汉关系进一步发展到了单于以下皆亲汉的密切的关系层,关市的持续开通也导致中原地区的物资、技术等都大量输入到北方匈奴地区,为民族大融合奠定了基础。在阿尔泰等地区进行考古学发掘的匈奴墓葬中出土了不少的丝麻制品、铜器、漆器、铜钱等有力说明两个地区之间的文化交流。1990—1992年进行过考古学发掘的鄂尔多斯凤凰山汉墓中出土的出行图、庭院图、宴饮图、百戏图、射弋图、围猎图、放牧图、牛耕图等壁画,无不是在说明匈汉之间的交融。[1] 随着考古学的发展,我国发现了为数不少的匈奴墓葬,从墓葬里出土了较多的中原样式的铁器、丝麻制品、铜器、陶器、各类铜钱等,说明了秦汉时期的中原地区与北方匈奴地区有着极为深远的文化交流与文化交融。"匈奴远遁,而幕南无王庭"是

---

1 甄自明・王琼・赵婷:《农牧交汇、胡汉交融:鄂尔多斯高原凤凰山汉墓壁画再分析》,赤峰学院学报(汉文哲学社会科学版),2020年第9期,第18—27页。

在西汉对匈奴的战争胜利之后出现的情况。这个时期，西汉在边疆地区建立了很多的城镇，实行了移民屯田的政策。随着中原地区先进的农耕技术和手工业技术的往北推广，农耕文化和游牧文化的交界地带也逐步向北推进。据《汉书·地理志》所载"定襄、云中、五原，本戎狄地，颇有赵、齐、卫、楚之徙"，这个移民屯田的政策的实行在匈汉文化交流、民族融合中发挥了积极作用。

建武二十四年（公元48年），随着匈奴分裂为南北两部，南匈奴迁入中原地区转向定居生活，与中原地区汉文化逐步融合，体现出了民族融合的景象。近些年发现的为数不少的墓葬都可说明这点。比如：青海大通上孙家寨墓出土的"汉匈奴归义亲汉长"方形铜印就是一个很好的证据。表明在南匈奴入居中原之后至少有为数不少的匈奴人已经完全与汉族融合，完成了民族融合的过程。

自建武二十四年（公元48年）开始，南匈奴迁入中原内地开始，匈奴就已经以我国少数民族的身份在中原地区活动了，也正是从这一时期开始，我国民族大融合的步伐进入到了高速融合时期。公元49年南匈奴降汉以后，东汉批准南匈奴呼韩邪单于将所率部众分散分居于西河、北地、朔方、五原、云中、定襄、雁门、代等八郡之地。可以说这是有史以来匈奴第一次如此大规模地向中原地区迁徙。[1]南下的这二十万匈奴人与汉民在这种历史背景下进行着杂居生活，正如《晋书·匈奴传》所载"匈奴五千余落入居朔方诸郡，与汉人杂处"。在南匈奴迁入中原地区开始就已和八郡之地的汉人进行着杂居生活了，在如此情形之下汉民与匈奴相互影响相互交融，形成了一个民族。

---

1 马长寿：《北狄与匈奴》，广西师范大学出版社，2006年，第100页。

胡汉交融——汉魏时代的文化交流

从东汉到晋初,并州即今山西地区是匈奴内迁的主要分布区。晋《从戎论》里记载"并州之胡,本实匈奴,桀恶之寇也"。曹魏时期的匈奴五部,除了南部在司州的平阳郡内,其余四部皆在并州。在晋初有些部落原非匈奴如羯胡等,亦随同匈奴入居并州的上党郡等地,十六国时称之为"杂胡"。从东汉、曹魏到晋初,不断有羌、氐、匈奴迁入关中,所以江统从戎论说"关中之人百余万口,率其少多,戎狄居半"。[1]

汉匈的民族融合是历史大趋势,无论是北单于西遁、南单于降汉,还是留在草原上的匈奴人都逃不过民族的融合。据《后汉书·鲜卑传》所载"和帝永元中,大将军窦宪遣左校尉耿夔击破匈奴,北单于逃走。鲜卑因此转徙据其地,匈奴余种留者尚有十余万落,皆自号鲜卑。鲜卑自此渐众"。由此可知,还留在草原上的匈奴十余万落与鲜卑进行杂居,并开始经营共同的生活,逐渐与鲜卑进行了民族融合。《魏书·鲜卑传》记载"匈奴及北单于逃亡后,余种十余万落诣辽东杂处,皆自号鲜卑兵"。在晋代,这些鲜卑化的匈奴人和原有的鲜卑人绝大部分南下到幽、冀、青、并、雍州等地与汉族进行了民族融合。远在匈奴国家强盛之时,匈奴降人就以三种不同的方式移居于中国各地同汉人在一起经营着共同的生活。一种是部分匈奴骑士在三辅之内做了汉代皇家的胡骑。另一种当时是部分匈奴贵族及其从者,自从降汉以后,就居住在长安城内,朝廷封他们以正宗不同的侯爵,赐他们以几百户乃至万户的田赋。这些赐户,都在关东各郡县之内。最后一种方式就是把投降的匈奴贵族与军队使之分离,将士兵部民分别安插在边缘属国之内。据《汉书·武帝纪》载"元狩三年秋,匈奴

---

[1] 马长寿:《北狄与匈奴》,广西师范大学出版社,2006年,第110页。

昆邪王杀休屠王，并将其众合四万余人来降，置五属国以处之。以其地为武威、酒泉郡"。

总之，匈奴与汉族的融合是经过了长期的、曲折的、复杂的渠道最终融合而成功的。从匈汉的战争到匈汉之间的经济贸易，再到匈奴与汉民族的迁徙。在这一过程中，匈汉经历了文化的双向传播、手工业技术的双向传播、贸易的互补形成了民族大融合时代。融合的第一个条件是接触。匈奴建国后，由于与汉朝的敌对状态，匈奴与汉人的接触十分有限，彼时，内迁的匈奴人与汉人杂居错居，如此给匈汉融合提供了基础。匈奴分裂后，南匈奴内附，汉朝分置其于延边八郡，后来又集中到并州、雍州等地，与边郡的汉人错居杂居，此时由于汉匈对立关系的减弱，共同生活比较多了，所以也就比较容易融合。蒙古草原的南部除匈奴之外还有许多鲜卑。匈奴和鲜卑首先融合，十六国和北朝时属于匈奴系统的铁弗。独孤诸部属于鲜卑系统的拓跋、秃发诸部以及初属于匈奴之后又属于鲜卑的宇文部都是两族融合的产物。在河西走廊，自匈奴灭月氏之后，这里除匈奴之外还有西羌和羌化的月氏余种被称为小月氏或义从胡。汉、魏在不同时期徙置到西河郡和上郡的匈奴，与汉时徙置于上郡、后来又转徙置西河郡的龟兹人以及其他西域人融合，产生了北朝和隋唐时期的稽胡。所以稽胡又是匈奴人和西域人相互融合而产生出来的新的部族。如此等等，便可知匈奴之最后融合与汉族是经过了许多曲折的道路。

长城地带的民族融合及文化交流，是在各民族之间相互进行同化、影响、融合的。既表现为各少数民族受到中原文化影响下的汉化，也表现为各少数民族彼此之间的同化、吸收、融合，还有各民族内部的分化。就好比南匈奴来说，考古发现的东汉时期长城沿线的南匈奴墓葬，在墓葬形制与随葬品器物的特征上既保留有自身民族特色，同时又表现出明显的汉化因素，如墓葬封土、斜坡式墓道砖室墓以及随葬器物有着大量的陶俑明器和中原式的陶器组合等因素在早期的匈奴墓葬以及同时期的漠北匈奴墓葬中所没有[1]。与此同时，长期居住于长城沿线的乌桓、鲜卑、羌等少数民族，日益受到汉文化的影响，又相互融合。自东汉以来，民族融合逐渐由边疆向内地扩展，并且规模越来越大，最终发展为魏晋南北朝时期民族大融合。

由于汉文化的包容性极强，汉族对周边民族的偏见和歧视较少，中原王朝始终能较为平等对待其他少数民族，唐太宗就曾说"自古皆贵中华，而贱夷狄，朕独爱之如一。"中原王朝还大量重用少数民族的精英，通过将他们纳入体制内，从而带动与其相关的民族快速接受汉文化并融入汉文明。加之当时中原先进的技术和发达的生产力，其他少数民族不断被中原文化吸引与影响，并且能逐渐承认并且认同华夏文化。汉匈之间正是通过这种不断的交流，相互之间不断融合，最终为促进中华民族多元一体格局交上了一份优秀的历史答卷。

综上所述，尽管由于我国北方游牧社会和中原农业社会之间长期的对立冲突而产生了秦汉长城，而秦汉长城是秦汉帝国试图封锁和孤立两个社会而建立起的人为边界。然而这种封锁和孤立从未完全成功过，这个边界也是一个十分脆弱和不稳定的存在。在长城之外，这种封锁一直以来被匈奴和其他游牧民族不断尝试

---

1 乔梁：《匈奴遗存的发现与研究》，吉林大学边疆考古研究中心编《庆祝张忠培先生七十岁论文集》，科学版社，2004年；单月英：《匈奴墓葬研究》，《考古学报》，2009年第1期，第34页；杜林渊：《南匈奴墓葬初步研究》，《考古》2007年第4期，第76页。

着打破，并且取得了不同程度的成功。在长城内的秦汉社会里，总有个人或群体在交通屏障外。边境的整体和平与稳定得益于长城及其防卫系统的存在。基于此，法定的贸易和民间走私贸易与边境要塞共同存在。在河西路上，繁荣的丝绸之路使居住在边疆要塞的少数民族把长城的周边建成了活跃的民族整合区。

下编　从塞北草原到古都洛阳

一、乌桓的迁徙融合与管理

乌桓族原本是东胡部族同盟众多组成部族之一。在公元前209年以前，东胡与匈奴一样，都是由众多的部落所组成的大型部落联盟集团。乌桓就是这个部落联盟集团中比较大的一个部落。在公元前209年以后，匈奴冒顿杀害父亲，确立了单于的地位。并击溃了东胡部落。东胡大部为匈奴所掳掠，乌桓人逃散到乌桓山驻牧而居。

1. 乌桓第一次南迁

东胡部落联盟被匈奴击溃后，乌桓人逃散到乌桓山，力量十分弱小，不得不接受匈奴的统治。西汉王朝建立之后，因为匈奴人频繁入侵汉朝边境。因此，汉武帝在国力增强后，开始了与匈奴真正的全面战争。根据《后汉书·乌桓鲜卑列传》记载"乌桓自为冒顿所破，众遂孤弱，常臣伏匈奴，岁输牛马羊皮，过时不具，辄没其妻子。及武帝遣骠骑将军霍去病击破匈奴左地，因徙乌桓于上谷、渔阳、右北平、辽西、辽东五郡塞外，为汉侦察匈奴动静。[1]"从史料记载中就能够得知，乌桓人被匈奴征服之后，遭受到的奴役与勒索十分严重，也异常苛刻。而且，乌桓部落人口稀少，财力贫弱。乌桓每年不但要上交牛马羊皮，如果数量不足的话，匈奴人还会扣押乌桓人的妻子。可以说匈奴对乌桓人民的统治非常残酷。因此，元狩4年（公元前119年）骠骑将军霍去病将左贤王驱逐之后，乌桓人被迫逃亡到了辽东五郡的塞外。根据日后乌桓"乃发匈奴单于冢墓，以报冒顿之怨"的举动可以了解这件事情，乌桓并未忘记当年匈奴冒顿灭国的仇恨。所以，乌桓部族应是自愿与汉军迁到辽东，以此摆脱匈奴的的残暴统治。乌桓人被霍去病迁往辽东，并为汉朝对匈奴作战提供侦查监视，辅助汉军对匈奴作战。

这次南迁对乌桓人的兴起至关重要。据考证西汉上谷郡位于河北省张家口市和小武台山东、赤城县和延庆县西、万里长城和长平县北，也是现在的河北省怀来县；渔阳郡曾由河北省栾平县以南和天津市以北的柴河和北河盆地统治，治所在渔阳，今北京市密云县西南一带；右北平郡位于辽宁省大陵川上游以南、河北省承德县和集贤县以东、刘川以西。辽西郡由河北省滦河流域以东、万里长城

以南、辽宁省松山陵以东、大陵川以西的地区统治。辽东郡位于现在的辽阳川以东、平壤和丹东以西，统治中心在辽宁省现在的辽阳。上述地区均在汉朝万里长城以南，乌桓向南迁移至辽东万里长城以外的五个都道府县。有的分布在外长城东段以北，大部分乌桓人都分布在今赤峰市地区。此次南迁，由于汉军击走

---

1 （刘宋）范晔：《后汉书》卷90《乌桓鲜卑列传》，北京：中华书局，1965年，第2981页。

左贤王，扫除了匈奴左贤王部对乌桓人的奴役和苛刻的勒索，为乌桓人提供了安全的生产生活环境。同时，也为乌桓的人民提供了广阔的生活空间。而且，由于乌桓人为汉朝提供侦查匈奴动向的任务，这就为乌桓人进一步扩展势力范围、活动范围和发展乌桓自身军事实力提供了充足的理由和便利条件。这些都为乌桓兴起打下了基础，并提供了有利保障。与此同时，汉军也在乌桓人最虚弱的时期为其提供了军事庇护，提供了大量生产生活物资。到昭帝元凤三年，在汉朝的帮助和保护下，经过四十年的休养生息，乌桓的人移居辽宁省东部万里长城外的五个郡后，为了他们的生活稳定和繁荣，畜牧业不断发达，部落开始繁荣，实力不断增强。伴随着实力增强乌桓人的野心也开始变大，开始了复仇之路，史书记载"昭帝时，乌桓渐强，乃发匈奴单于冢墓，以报冒顿之怨"说明，乌桓人并未忘记匈奴冒顿对其的灭族之仇；同时也说明，乌桓人已经有实力去挑战匈奴人。这四十年，对乌桓人是至关重要的，不仅拉近了与西汉王朝的关系，也缩小了与匈奴之间的实力差距。虽然，这次军事挑衅乌桓人以失败告终，但也更好的让乌桓认识到西汉对其军事安全和经济文化发展的重要作用。因此，在汉宣帝时再次请求归附汉朝。此次归附，乌桓与汉朝保持了长达五十余年的和平共处，进一步深化了双方之间融合理解。

2. 乌桓的第二次南迁

平帝二年（公元2年），王莽时期颁布了四条错误的规定"中国人亡入匈奴者，乌孙亡降匈奴者，西域诸国佩中国印绶降匈奴者，乌桓降匈奴者，皆不得受。"这违反了呼韩邪单于与汉宣帝原本的约定。汉匈关系开始紧张起来。同时，王莽为了传达乌桓民不再需要向匈奴交纳皮布税的命令,将乌桓校尉改为乌桓使者。所以,当匈奴人一如以往向乌桓征收皮布税时,乌桓人予以拒绝,言到"奉天子诏条,不当予匈奴税"[1]。匈奴使节非常生气,逮捕并拘留了酋长乌桓的领导人。其他的乌桓人非常生气,于是杀死了匈奴使节及其亲信,夺走了和匈奴使节一起来到这里的匈奴女子。这件事情被匈奴乌珠留单于知道后派遣西安国王带领军队进入乌桓地区,杀害乌桓的几个人后,他们逮捕了一千多名乌桓的妇女和弱者。匈奴人要求用皮革布和马来偿还他们的部落。乌桓的人民无法抵抗,所以他们不得不动用牲畜和财产来偿还部落。但是,在收到牲畜和财产后,匈奴人也没有释放被扣押的乌桓。新室建国第二年,匈奴使节王俊在穿过左犁汙王咸的驻牧地[2]时,看到许多被拘留的乌桓人,于是问咸。咸回答了拘留乌桓人的理由。王俊要求咸要按照"前封四条",将乌桓人遣返。咸将此事告知了单于。单于命令咸问王俊"当从塞内还之耶?从塞外还之耶?"。王俊不敢决定此事,遂将此事上报于王莽。王莽令其从塞外赶回。匈奴单于因此事记恨王莽,于是调遣大且渠蒲呼卢訾等率领一万名骑兵,以护送乌桓人为理由前往朔方郡塞下,并准备挑好时机进攻。王莽此时也想进攻匈奴,于是调动十二部军,命令乌桓和丁零的军队在代郡[3]驻防。由此造成了乌桓与王莽政权之间的矛盾和冲突。

从史书中所述来看,乌桓人再次归附后,依旧向匈奴上交税赋,但又接受汉朝的统治。从乌桓每年都需要向匈奴上交皮

---

1 (东汉)班固:《汉书》卷94《匈奴列传》下,北京:中华书局,1962年,第3818—3819页。
2 今内蒙古托克托县以北地区。
3 代郡今河北蔚县。

布税，又必须听命于"护乌桓使者"的举动来看，西汉末年国力衰败，又加上王莽篡权，朝局混乱，无力庇护乌桓，致使匈奴开始取得了对乌桓的管理权。因此，乌桓很可能接受汉朝与匈奴的双重管理。

在此事之后，乌桓与匈奴、卢芳，还联合鲜卑，共同进犯中原，从代郡开始，包括辽东五郡，整个赤峰南部地区，辽东、辽西、北京以北的地区都受到了乌桓等部的侵扰。由于乌桓距离代郡和辽东五郡距离很近，甚至是"朝出穹庐，夜至边陲"，代郡、上谷、渔阳、右北平、辽东、辽西等位于边境的郡县遭到侵略，这些地方的人们四散而逃。郡县破败，边陲越发萧条。

公元46年，因为连年的自然灾害使匈奴内部发生动乱，乌桓趁机将匈奴击败。匈奴于是北退数千里，漠北南面的地方也全部沦陷。前文已述，乌桓本身就对汉朝比较亲近，西汉时期曾长期受到汉朝的帮助庇护，前期的军事冲突仅是因王莽错误的政策所致，且乌桓本就与匈奴有灭国之仇，加之匈奴对乌桓的统治十分残暴。所以，值此匈奴内乱贫苦之际发动军事进攻是理所当然之事，而光武帝乘机招抚乌桓，乌桓又重新回归汉朝旗下。

公元48年，匈奴分裂，南匈奴归附于汉朝，鲜卑也败于辽东太守祭肜，损失惨重。于是，汉朝为了镇压鲜卑，孤立和攻击北匈奴，利用了这种有利局面。辽东太守祭肜利用财货收买急于归附汉朝的鲜卑大都护偏何抗击匈奴，匈奴年年受袭，实力不断衰弱，无力再进犯边郡。在此局面之下，乌桓辽西大人郝旦在建武二十五年（公元49年）归附汉朝。光武帝发布敕令册封乌桓渠帅八十一人为侯、王、君长，赋予他们带领部众入居塞内的权利，分布于辽东、辽西、右北平、渔阳、广阳、上谷、代、雁门、太原、朔方十郡，并找来种人，为他们提供衣服和食物，封为汉侦侯，帮助他们追击匈奴、鲜卑[1]。至此，乌桓人的分布范围，由原来仅限于代郡和辽东五郡的六个边郡，扩展到了其他广阳、雁门、太原、朔方共计十个边郡。

在整个光武帝时期，乌桓各个部落基本上都保持了与汉朝的和好局面。至东汉中期之后，各部乌桓多次参加了汉朝组织的对匈奴、鲜卑以及其他叛乱的战争，例如汉明帝永平十六年（公元73年），上谷、渔阳、代、右北平等郡士兵以及乌桓、鲜卑士兵，一共达到了一万一千名骑兵，在骑都尉来苗及护乌桓校尉文穆的带领下，对北匈奴发起进攻。

汉和帝永元六年，新加入的十五个匈奴部落全部背叛汉族，计划返回漠北。护车骑将军邓鸿及乌桓校尉任尚率领四万乌桓鲜卑士兵对其进行讨伐。

元兴元年六月，辽宁东部貊人叛乱，抄掠六县，汉阳上谷、渔阳、右北平、辽西四郡的乌桓兵都发起了对貊人的进攻。

汉安帝永初三年，渔阳的乌桓部落也试图反叛进攻上谷、代郡。正好在此时，南匈奴单于檀亦背叛汉，其他边郡地区的乌桓部落、鲜卑也配合他一同行动。于是，雁门乌桓率众王无何允[2]、鲜卑大人丘伦与南匈奴一起召集士兵七千人发动叛乱，进攻五原，太守高渠谷战败。但是，第二年春天被车骑将军何熙以及度辽将军梁慬率军击败。于是乌桓请降，南匈奴对其称臣，鲜卑出走塞

1　（刘宋）范晔：《后汉书》卷90《乌桓鲜卑列传》，北京：中华书局，1965年，第2982页。
2　率众王为雁门乌桓王号；无何允为人名。

外[1]。此后乌桓人依旧归附了汉朝，为汉朝效力，汉朝封其大人戎朱廆为"亲汉都尉"。

公元117年，鲜卑连休等人入侵辽西"烧塞门，寇百姓"，乌桓大人於秩居主动联合郡兵大破鲜卑。

延光元年（公122年），虔人羌与上郡胡反叛，度辽将军耿夔率领诸郡兵和乌桓骑兵将其击败。

公元127年，鲜卑入侵辽东郡、玄菟郡，耿晔率领边郡诸士兵与乌桓王一起出塞去追击。

永建六年（公元131年），护乌桓校尉耿晔派遣乌桓兵抗击入侵渔阳的鲜卑，此时的乌桓多次帮助汉朝戍守边境。

公元132年，戎朱廆、咄归、去延受到耿晔的命令到塞外追击鲜卑，大胜而归，耿晔赏赐咄归的部下为王、侯、长，赏赐他们不同数量的绫罗绸缎[2]。

乌桓第二次向南移动，与东汉和南匈奴等交错杂居，乌桓的人们也分别从万里长城的东部和万里长城的中部进入了万里长城。其区域向西扩展到现在的内蒙古河套地区，与中央平原完全连接。乌桓此次南迁，并没有迁徙到定襄、云中、五原三郡。理由是这三个县已经由南匈奴驻守，并取得了良好效果，东汉王朝认为没有必要将乌桓迁徙至此三郡。而随着乌桓的这次南迁，与南匈奴一起沿着东汉的沿边诸郡，形成了一道完整的用来防御北匈奴和鲜卑部落的防线。在东汉的诸多军事行动中也积极配合汉军作战，屡立战功。东汉王朝也对立功的乌桓各部首领、将官大

---

1 （刘宋）范晔：《后汉书》卷90《乌桓鲜卑列传》，北京：中华书局，1965年，第2982页。

2 （刘宋）范晔：《后汉书》卷90《乌桓鲜卑列传》，北京：中华书局，1965年，第2983页；扶漱官为人名。

加封赏，积极将乌桓各部纳入到自身的军事、政治体系之内。而且，光武帝建立营地，统治鲜卑，下令奖励质子，每年都和他交换货物进行互市。这其中"互市"最为北方游牧民族所看重，即便是匈奴军事实力鼎盛时期，对西汉具有压倒性的优势，对西汉王朝所提政治要求中"互市"是每任单于最为看中的一点。"互市"不仅可以为落后的游牧生产提供急需的生产生活物资，也可以为乌桓多余的游牧产品提供一条稳定交换物资的渠道。这一点极大的促进了乌桓与中原地区政治、文化的交流融合，也提高了乌桓人生活质量，加深了双方民族感情的交流与交融。

3. 乌桓的第三次南迁

东汉后期，汉朝国力衰减，乌桓人散居边郡各地，各自为政。至汉灵帝时期，汉朝已经十分衰弱。适逢中原爆发黄巾农民起义，地方势力并起，汉朝的中央权力旁落。由于汉朝中央政府的衰败无能，加之此次农民起义也为人所利用，成为了地方割据的工具。

中平四年（公元187年），车骑将军张温派遣幽州乌桓突骑三千人，征讨韩遂，故中山相张纯请将之，温不从，而请公孙瓒将之。军队开到蓟中，"而牢禀逋悬，皆畔还本国"。张纯忿恨不得将。于是，鼓动泰山太守张举一同叛汉，并与辽西乌桓大人丘力居结盟，攻蓟下，燔烧城郭，虏略百姓，杀护乌桓校尉箕稠、右北平太守刘政、辽东太守阳终等，众至十余万，屯驻于肥如，聚众至十余万，张举自称天子，张纯称弥天大将军、安定王，张纯又使乌桓峭王等，步骑五万，入青冀二州，攻破清河、平原，杀害吏民。[1]

---

[1] （刘宋）范晔：《后汉书》卷73《刘虞列传》，北京：中华书局，1965年，第2353页；蓟中今北京市南部；"而牢禀逋悬，皆畔还本国"意为军粮不能给足，叛逃回了本部落。

乌桓丘力居之所以参与此次叛乱与之前乌桓各部被连年频繁征发有密切关系。张纯在鼓动张举叛汉时曾说："乌桓数被征发，死亡略尽，今不堪命，皆愿作乱"。[1]

中平五年，张纯控制了乌桓的反叛力量"太守张纯叛，入丘力居众中，自号弥天安定王，遂为诸郡乌桓元帅，寇掠青、徐、幽、冀四州"。[2]同年十一月，骑都尉公孙瓒与张纯等在辽东属国石门开战，张纯遂大败，弃妻子逾塞走，悉得其所略男女。瓒深入无继，反为丘力居等所围于辽西管子城，二百余日，粮尽食马，马尽煮弩楯，力战不敌，乃与士卒辞决，各分散还。时多雨雪，坠坑死者十五六，房亦饥困，远走柳城。[3]

中平六年（公元189年二月），刘虞到达蓟，派遣使节前往辽西乌桓，向丘力居告以利害，劝说丘力居息兵停战。只要丘力居不再继续帮助叛逆张纯等，则"开许善路"。与此同时，刘虞为了稳定张纯等人，避免张纯等复兵开战，对张举、张纯等"设赏购举、纯。"，进而"举、纯走出塞，余皆降散。"应当说，刘虞的策略十分的成功，积极与辽西乌桓大人丘力居进行谈判许以重利。同时，又赏赐张举等人，有力的分化了乌桓丘力居与张纯等人的联盟，孤立了张纯等人，使其无法在乌桓立足。丘力居在听闻刘虞到达蓟之后十分高兴，派使节前往面见刘虞向其归附。张纯、张举面临不利局面，无法在辽西乌桓停留，只好远走塞外，

---

1 （刘宋）范晔：《后汉书》卷73《刘虞列传》，北京：中华书局，1965年，第2353页。

2 （刘宋）范晔：《后汉书》卷90《乌桓鲜卑列传》，北京：中华书局，1965年，第2984页

3 （刘宋）范晔：《后汉书》卷73《刘虞列传》，北京：中华书局，1965年，第2358页。

其部众也都很快降散。不久之后，张纯被其门客王政杀死，并将张纯的首级交给了刘虞。至此，这场叛乱全部平息。经过这场叛乱，本就与边荒塞外接壤的幽州更为荒芜，给用等"处处断绝，委输不至"。故刘虞悉罢诸屯兵，仅仅只留下公孙瓒步骑军士万余人驻守右北平郡。刘虞在战后积极的务求宽政、劝督农耕，"开上谷胡市之利，通渔阳盐铁之饶，民悦年登，谷石三十。青、徐士庶避黄巾之难归虞者百余万口，皆收视温恤，为安立生业，流民皆忘其迁徙。虞虽为上公，天性节约，敝衣绳履，食无兼肉，远近豪俊夙僭奢者，莫不改操而归心焉。"[1] 在对乌桓的政策上刘虞主张"和辑"之治，也就是采取怀柔的方针。但是，公孙瓒则主张对乌桓采取强硬政策。而且，由于刘虞、公孙瓒二人在对乌桓的态度上意见不一致，导致刘虞一边赏赐乌桓人财物，公孙瓒一边劫掠乌桓人财物。二人在乌桓问题上立场的对立为汉朝处理乌桓问题带来了很大的影响。

公孙瓒在石门之战后，由都尉升为降虏校尉。由于为人勇武，常与能骑善射之士数十人，皆乘白马为左右翼，自号为"白马义从"。乌桓族人十分畏惧，相互告诫要躲避"白马义从"。但是，公孙瓒受诏职统戎马，却受刘虞的节制。公孙瓒不断发展壮大自己的实力，不体恤百姓，纵容手下滋扰地方，又与冀州袁绍攻战不断，刘虞根本无法控制公孙瓒。于是，刘虞在汉献帝初平四年，即公元193年，派兵攻打公孙瓒，反为公孙瓒所败。刘虞逃至居庸希望召乌桓、鲜卑兵救援自己。公孙瓒派兵捉住刘虞，并将其斩首于蓟市。

---

[1] （刘宋）范晔：《后汉书》卷73《刘虞列传》，北京：中华书局，1965年，第2354页。

刘虞死后，整个幽州均为公孙瓒所有。公孙瓒自持势力强大，志气益盛，不体恤百姓，残害士人。刘虞从事鲜于辅预为刘虞报仇，遂推举广阳人阎柔为乌桓司马。阎柔招诱乌桓、鲜卑，得胡、汉数万人，与公孙瓒所置渔阳太守邹丹战于潞北，击败斩杀邹丹。辽东乌桓大人峭王苏仆延感刘虞旧德，率众人及鲜卑骑兵七千余骑，与袁绍部将麴义合兵十万共进攻公孙瓒，在鲍丘大破公孙瓒，斩首两万余级。于是，代郡、广阳、上谷、右北平各地纷纷斩杀公孙瓒所置长吏，又与鲜于辅、刘和合兵，公孙瓒所率之军屡败，于建安四年，即公元199年为袁绍所斩杀。

这一时期，幽州乌桓社会变化已经十分的深刻，各部乌桓大人由以往选举产生变为世袭制。公元190—193年，辽西乌桓大人丘力居去世，其子楼班年少，从子蹋顿有武略，代立。总领上谷乌桓大人难楼、辽东乌桓大人苏仆延、右北平乌桓大人乌延等，这些乌桓部落皆听从蹋顿调遣。袁绍与公孙瓒大战不断，蹋顿遣使向袁绍请求和亲，帮助绍进攻公孙瓒，并将其击败。袁绍为感谢乌桓蹋顿的援助，矫制赐蹋顿、难峭王、汗鲁王印绶，皆以为单于。"绍遣使即拜乌丸三王为单于，皆安车、华盖、羽覆、黄屋、左纛"。由此，推动了幽州乌桓军队组织的军事编制发展进一步严密起来"始有千夫长、百夫长以相统领，用能悉乃心"。[1]此后，楼班长大，难楼、苏仆延奉之为单于，以蹋顿为王。但是，蹋顿仍旧承揽军政大权。

建安五年（公元200年），袁绍与曹操战于官渡，袁绍大败。阎柔和鲜于辅归附曹操。曹操以阎柔为护乌桓校尉，仍持汉使之

---

[1] （晋）陈寿：《三国志·魏志》卷30《乌丸传》，北京：中华书局，1959年，第834页；裴注引《英雄记》；乌丸同乌桓。

节，治广宁如旧，以鲜于辅为右度辽将军，还镇幽土。[1]阎柔少年时期曾长期居住乌桓、鲜卑部族当中，深得乌桓、鲜卑人的信任。公孙瓒死后，阎柔因率领鲜卑兵斩杀公孙瓒所置护乌桓校尉邢举，并取而代之。袁绍认为阎柔深得乌桓人的拥戴，对阎柔大加赏赐，让阎柔驻守北方边境。此时，幽州乌桓实力已经非常强大，对幽州局势有着举足轻重的作用，也成为各方势力都积极拉拢的外援力量。牵招曾被袁绍任命为督军从事，并兼领乌桓突骑。袁绍死后，曹操认为牵招在袁绍时期就已经为袁绍统领乌桓，于是命牵招于建安九年，前往柳城招抚乌桓部众。此时正值辽东乌桓大人峭王苏仆延欲发兵五千，帮助袁绍之子袁谭与曹操开战，而辽东太守公孙康也派遣韩忠为使节，授予峭王单于印绶。峭王召开乌桓各部大人会议，牵招为峭王陈说成败之效、祸福所归。峭王乃接受曹操拜假，辞退辽东之使，并罢助袁谭之兵。[2]峭王表面上接受了曹操假拜，但辽东、辽西、右北平三郡之乌桓大人与袁绍本来就关系密切，深受袁绍恩泽厚待，袁绍更是与三郡乌桓大人有联姻之好，分将己之子女嫁与三位乌桓大人。这其中尤以辽西乌桓蹋顿最是受袁绍厚遇。所以，袁绍战死后，袁氏三子中袁熙、袁尚，均在兵败之后投奔乌桓蹋顿，而三郡乌桓也仍不时与曹操为敌。建安十年（公元205年四月），三郡乌桓在犷平起兵进攻鲜于辅，曹操率军前往救援，乌桓奔走出塞。[3]由于，三郡乌桓

---

[1] （北宋）司马光：《资治通鉴》卷63《汉纪五十五》，北京：中华书局，1956年，第2028页。

[2] （晋）陈寿：《三国志·魏志》卷26《牵招传》，北京：中华书局，1959年，第730—731页；中间违错意为经过政治局势的变化；假意为授予。

[3] （晋）陈寿：《三国志·魏志》卷1《武帝纪》，北京：中华书局，1959年，第27页；犷平今北京市密云县东北部。

为支持袁氏三子,时常寇侵边郡,劫掠汉民十余万户。而且,乌桓为帮助袁绍之子袁熙、袁尚恢复袁氏故地,威胁到了曹操后方的安全局势。曹操为了解决后方的安全威胁,进一步加快对中原的统一战争,开始着手准备对三郡乌桓进行征讨。为了方便军事运输,曹操开凿了两条河渠:一条是平房渠,自呼沦河入泒水;一条是泉州渠,自泃河口入潞河,以通于海。[1]很多将领劝说曹操,认为袁尚亡虏,乌桓未必会尽力帮助袁尚;而且,此次北上远征,刘备可能会鼓动荆州刘表袭击许都。只有郭嘉支持曹操的这次北上远征。郭嘉认为:一是乌桓距离许都遥远,胡恃其远,未必有备,因其无备,突然击之,可破灭之也。二是袁绍曾有恩于乌桓,今袁尚兄弟凭借乌桓之资,招之使为其故主效力,胡人一动,民夷俱起响应,遂使蹋顿滋生入寇之心,成其觊觎中原之计,如是则恐青翼二州非公所能有。三是刘表乃是"坐谈客"而,对刘备亦有戒心。公虽倾国远征,固可无虑也。曹操遂意决。建安十二年(公元207年),曹操率军出发远征三郡乌桓,行至易县,郭嘉对曹操言道:"兵贵神速,今千里袭人,辎重多,难以趋利,如今彼闻之,必做准备,不如留辎重于此,轻兵兼程而进,出其不意而掩击之,使他措手不及"。曹操立刻下令将士轻装疾进。[2]此时,右北平人田畴,对乌桓统治者经常杀害士人不满,意图征讨乌桓,但未能成功。曹操派人重礼相聘,田畴随军行进到无终。此时,正值盛夏多雨,道路泥泞不堪,行军受到阻碍;乌桓也在沿途险

---

[1] 呼沦河今河北保定市滹沱河;泒水今天津市梅河上游;泃河口泃河源自今河北蓟县北部,流经宝坻县,注入蓟运河;潞河今北运河上游,流经北京市密云县东部。

[2] (晋)陈寿:《三国志·魏志》卷14《郭嘉传》,北京:中华书局,1959年,第434—435页。

要之地设置了驻军防御，曹操的军队无法再向前开进。曹操很为难便询问田畴。田畴曰："此道，秋夏每常有水，浅不通车马，深不载舟船，为难久矣。旧北平郡治在平冈，道出卢龙，达于柳城。自建武以来，陷坏断绝，垂二百载，而尚有微径可从。今虏将以大军，当由无终，不得进而退，懈弛无备。若嘿回军，从卢龙口越白檀之险，出空虚之地，路近而便，掩其不备，蹋顿之首可不战而禽也"。[1]曹操听后大喜，率军返还，竖大木表于水侧路旁曰："方今夏暑，道路不通，且俟秋冬，乃复进军"，乌桓斥候骑兵见到后，以为曹操的军队撤退了。曹操命令畴将其众为乡导，上徐无山，堑山堙谷，五百余里，经白檀，历平冈，步鲜卑庭，东指柳城。距离柳城二百里，乌桓才发觉曹操大军到来。袁尚、袁熙与蹋顿及辽西单于楼班、右北平单于能臣抵之等将数万骑逆军。八月，曹操登白狼山，曹操的军队与乌桓军队遭遇，乌桓兵强盛。曹操车重在后，被甲者少，左右皆惧。操登高，望虏阵不整曹操站在高处观望发现乌桓兵虽盛，但阵容不整，于是，纵兵击之，使张辽为先锋，虏众大崩，斩蹋顿及名王已下，胡、汉降者二十余万口。辽东单于速仆丸与袁尚、袁熙奔辽东太守公孙康，其众尚有数千骑。或劝操遂击之，操曰："吾方使康斩送尚、熙首，不烦兵矣"。九月，操引兵自柳城还。公孙康欲取尚、熙以为功，乃先置精勇于厩中，然后请尚、熙入，未及坐，康叱伏兵禽之，

---

[1] （晋）陈寿：《三国志·魏志》卷11《田畴传》，北京：中华书局，1959年，第342页；徐无山今河北唐山市旧玉田县北部；无终今北京市蓟县；平刚今辽宁凌源县西部；卢龙塞今河北喜峰口；柳城今辽宁朝阳西南部，为乌桓蹋顿统治中心；建武为东汉初年号；白檀今河北承德西部。

遂斩尚、熙，并速仆丸首送之。[1]

在三郡乌桓平复之后，不仅解决了袁氏余部的威胁，同时也解决了三郡乌桓对曹操后方边郡的安全威胁，使曹操巩固了后方的边境。而且，除去归附的胡、汉降者二十余万口之外，曹操将乌桓尚余部众计有一万余落[2]全部迁入中原，通过精选，整编为骑兵部队，仍旧由乌桓王、侯、大人率领，随同曹军南北征战，由此三郡乌桓成为天下名骑。在曹操完成和巩固北方统一以及后来在与东吴、西蜀的战争当中，这支骁勇善战的骑兵发挥了巨大作用。曹操在胜利之后，回师中原，走辽西走廊，而曹操脍炙人口、悲壮苍凉的《龟虽寿》《观沧海》就是在回师途中，经过碣石之时的作品。

曹操远征三郡乌桓，击败了以蹋顿为首的辽东三郡乌桓军事集团，将所俘获的乌桓部众一万余落迁入中原，经过筛选，组成了骑兵部队，帮助曹操进行军事作战，成为天下名骑。这是在西汉和东汉乌桓部族两次大规模南迁之后，乌桓部族第三次大规模的迁徙。从光武至汉末乌桓各部呈现出各自为政、分道扬镳、互不统属的态势。而且，由于东汉末年诸侯混战，各部乌桓也卷入其中，但是也正是这一参与中原诸侯混战的过程加深了中原民族与乌桓人之间的融合，最典型的例子就是三郡乌桓因支持袁绍"绍遣使即拜乌丸三王为单于，皆安车、华盖、羽覆、黄屋、左纛"。这不仅加速了乌桓的文明礼仪进程，也加速了乌桓与中原文明的融合。才有了"始有千夫长、百夫长以相统领，用能悉乃心"这

---

[1] （北宋）司马光：《资治通鉴》卷65《汉纪五十七》，北京：中华书局，1956年，第2072—2073页；能臣抵之为乌桓右北平大人乌延本名；速仆丸即苏仆延。

[2] 落相当于户。

种高效的上下级严密的管理体制。不仅如此，再以雁门一带的乌桓为例，雁门乌桓于汉顺帝阳嘉四年（公元135年）以及永和五年（公元140年），两次叛乱失败之后，归附降汉。由于长期居住于汉、魏王朝的统治地区，且长期与汉族农民接触，在经济、文化以及生活方式上受到很深的影响。一部分雁门乌桓人开始放弃游牧生活，转而从事农耕，与当地农民一样向官府缴纳租调。这说明雁门乌桓中一部分人已经成为州郡的编户齐民。黄初五年，即公元224年牵招任太守。由于地处边陲，鲜卑时有寇边之举。牵招一面教民战阵，一面上表请示免除乌桓五百余家百姓的租调，使备鞍马，远遣侦候。可见乌桓在不断向中原内地迁徙的过程中也在改变自身的生产生活方式，从游牧改为农耕，与当地的中原百姓融合共生。

这三次大规模的南下迁徙，对乌桓融入中原民族具有历史性的意义，是民族之间文化交融、习俗交融的关键所在。三次南迁之后，乌桓生活的地域范围逐渐向南和向西扩展，加速了乌桓与中原农耕民族的之间的融合与交往。而且，由于乌桓所处的地理位置比较特殊，为其与中原民族之间的交流提供了优于其他少数民族的契机与条件，加快了民族融合的进程。这种民族之间的融合是游牧文化为主的乌桓部族与农耕文化为主的汉民族之间的融合，也就是说乌桓与中原农耕民族之间的文化在历史上是彼此交融的。这是不同生业方式的文明之间的互动。乌桓人迁居中原内地，受到农耕文化的影响，东汉末期也有很多汉民为躲避战祸，逃至乌桓。民族融合式的迁徙原因是多种多样的，不同生产方式之间的民族迁徙，会促使彼此文化的交融直至融合，这对于当时民族迁徙的结果是至关重要的。

西汉时期武帝元狩四年（约公元前119年），骠骑将军霍去病击败左贤王后，又将当地的乌桓人全部重新迁出并安置到辽东所处的五个州郡塞外，并重新规划设置了五个郡，后又设立"护乌桓校尉"，一方面可以有效帮助汉朝中央政府重新管理乌桓部族，另一方面又能帮助汉朝观察匈奴部落动向，从此，乌桓与汉朝的隶属关系正式确立。

"护乌桓校尉"一职"秩二千石，拥节监领之，使不得与匈奴交通"。[1] 护乌桓校尉驻守之地大致在今北京市附近，护乌桓校尉这一官职的设置，体现出汉武帝对匈奴与乌桓的制衡政策，希望通过乌桓达到对匈奴的制约，以达到削弱匈奴实力的目的，这一官职的设置是西汉对乌桓开始实行羁縻政策的标志。西汉末年新莽政权建立，将"护乌桓校尉"改称"护乌桓使者"，后又将校尉一职罢去，至汉光武帝建武二十五年，即公元49年辽西乌桓大人郝旦等九百二十二人开始了南迁，郝旦在对光武帝刘秀朝贡后，请求内附，而光武帝刘秀答应其请求后将乌桓部族分散在塞内各地区域（今辽宁省、河北省、北京市、山西省、内蒙古省部分地区）。据《后汉书·百官志》记载，两汉时期护乌桓校尉地位虽然低于太守，但是其保留了很大的权力。

到魏晋两朝时期仍设有护乌桓校尉，《三国志·乌丸鲜卑传》也有记载："文帝践阼，田豫为乌丸校尉，持节并护鲜卑，屯昌平"。[2]《田豫传》也有记载"文帝初，北狄强盛，侵扰边塞，乃使豫持节护乌丸校尉，牵招、解俊并护鲜卑"。同国史卷《牵招传》也有

1　（刘宋）范晔：《后汉书》卷90《乌桓鲜卑列传》，北京：中华书局，1965年，第2981页。

2　（晋）陈寿：《三国志·魏书》卷30《乌丸传》，北京：中华书局，1959年，第836页。

记载"文帝践阼,拜招使持节护鲜卑校尉,屯昌平"。从《三国志》相关记录中,可明显看出在魏文帝时期乌桓、鲜卑三国都已经设置了乌桓校尉,并且都设置在今北京。但是随着乌桓与鲜卑势力发展情况的不同,乌桓和鲜卑校尉的设置上出现了变化,监管的中心逐渐由乌桓转向鲜卑。

魏明帝东汉时期以后,护乌桓校尉一职由幽州刺史兼任,《三国志·毌丘俭传》也有记载:"青龙中,帝图讨辽东,以俭有干策,徙为幽州刺史,加渡辽将军,使持节,护乌丸校尉。率幽州诸军至襄平,屯辽隧。右北平乌丸单于寇娄敦、辽西乌丸都督率众王护留等,昔随袁尚奔辽东者,率众五千余人降"。[1]自此之后乌桓、鲜卑等越来越多的少数民族内迁,少数民族内部自主管理成为主体,护乌桓校尉的重要性开始降低。东晋晋元帝曾在建武元年最后一次见到载有担任领护诸桓乌丸将军校尉、镇北的大将军刘翰的文字记载,自此后历代史书对领护乌桓校尉的记载记录逐渐消失,东晋南迁之后,中原对乌桓、鲜卑失去管控。护乌桓护军校尉也被暂时撤销了,护乌桓校尉作为从汉到魏晋重要的民族事物管理机构存续时间达400多年,在少数民族事物管理上有着无比重要的地位,下文将详细叙述护乌桓校尉设置情况。

---

[1] (晋)陈寿:《三国志·魏书》卷28《毌丘俭传》,北京:中华书局,1959年,第762页。

护乌桓校尉任职表

朝代	任职时期	官职	任职者	史料出处
东汉	东汉明帝永平十五年	护乌桓校尉	文穆	《后汉书》卷53
	章帝建初六年	护乌桓校尉	邓训	《后汉书》卷46
	和帝永元六年	护乌桓校尉	任尚	《后汉书》卷4
	安帝永初年	护乌桓校尉	吴祉	《后汉书》卷5
	安帝永初六年	护乌桓校尉	邓遵	《后汉书》卷119
	安帝建光年间	护乌桓校尉	徐常	《后汉书》卷49
	顺帝永建元年	护乌桓校尉	耿晔	《后汉书》卷6
	桓帝年间	护乌桓校尉	李膺	《后汉书》卷87
	灵帝熹平六年	护乌桓校尉	夏育	《后汉书》卷8
	灵帝中平二年	护乌桓校尉	王元	《后汉书》卷78
	灵帝中平四年	护乌桓校尉	公綦稠	《后汉书》卷8
	献帝初平年间	护乌桓校尉	邢举	《后汉书》卷120
	献帝年间	护乌桓校尉	令狐某（名佚）	《三国志》卷16，注33引《魏略》
	献帝建安四年	护乌桓校尉	阎柔	《后汉书》卷103
	献帝建安十二年	护乌桓校尉	牵招	《三国志》卷26

朝代	时间	职务	姓名	出处
三国魏	魏文帝黄初义熙年间至北魏明帝太和元元年间	护乌桓校尉	田豫	《三国志》卷26
	明帝青龙年间	幽州刺史、度辽卫大将军、护军府乌丸步军校尉	毌丘俭	《三国志》卷28
	齐王正始年间	幽州刺史、护乌桓校尉	杜恕	《三国志》卷16
西晋	武帝泰始初年	幽州刺史、护乌桓校尉	卫	《晋书》卷36
	武帝年间	担任都督幽州诸王府军事、领护乌桓校尉	张华	《晋书》北史卷36
	武帝年间	监幽州诸州参军事、领护军府乌丸将军校尉、右屯卫将军	唐彬	《晋书》汉书卷42
	惠帝太和年间	监幽州诸州参军事，领护军府乌丸步军校尉	刘弘	《晋书》卷66
	怀帝永嘉元年	幽州刺史、领护乌丸校尉	王俊	《晋书》卷29
东晋	建武元年	领护乌丸校尉、镇北将军	刘翰	《晋书》卷6

护乌桓将军校尉府的具体设立最初是汉朝时期用来负责管理内附乌桓部族行政事物的高级机构,在东汉末年复置并州护乌桓校尉以后,其主要职能逐渐演变为负责管理内迁的乌桓、鲜卑和汉人和塞外的部分乌桓鲜卑人的部族,在魏晋统治时期,乌桓、鲜卑人大量小规模南徙迁入内地以后开始与汉游牧民族和回民族融合,部分原居留在西北边塞平原地区的内附乌桓人则与其他鲜卑和汉人民族融合。因此魏晋时期的护乌桓校尉主要管理职能增加,根据史料记载可以发现其中一些信息:

1. 两汉之时护乌桓校尉的职责有三个:

首先是监控和监督管理这些已经归附的匈奴乌桓人,防止他们与其他匈奴人之间取得密切联系、勾结,并使其"为汉侦候,助击匈奴、鲜卑"。比如东汉永元六年(大约公元94年),新归降匈奴十五部二十余万乌桓人皆起兵反畔,"遣行车骑将军邓鸿、越骑校尉冯柱、行度辽将军朱徽将左右羽林、北军五校士及郡国积射、缘边兵,乌桓校尉任尚将乌桓、鲜卑,合四万人讨之"。[1]这些归附汉朝的乌桓、鲜卑两个部族常用来帮助汉朝将军平定匈奴叛乱,如"和帝时,鲜卑大都护校尉广鬼帅部众从乌丸校尉任尚击叛者,封校尉广鬼为率众王"。再有"阳嘉元年(公元132年),乌桓校尉耿晔遣乌桓亲汉都尉戎朱廆率众王侯咄归等,出塞抄击鲜卑,大斩获而还"。[2]

其次是东汉时期,由于乌桓人南迁,鲜卑部族开始南下迁徙到西拉沐伦河流域,与乌桓人、匈奴人勾结寇边。所以,东汉时

---

[1] (刘宋)范晔:《后汉书》卷89《南匈奴列传》,北京:中华书局,1965年,第2956页。
[2] (刘宋)范晔:《后汉书》卷90《乌桓鲜卑列传》,北京:中华书局,1965年,第2988页。

期护乌桓校尉的职权管辖范围扩大,不仅要监管乌桓人,还要监领鲜卑人。掌控每年对乌桓、鲜卑的双方财物供给赏赐、质子以及每年的相互物货市易等一切事宜。东汉顺帝阳嘉元年(大约始于公元132年)护乌桓校尉率乌桓数千人"出塞抄击鲜卑,大斩获而还,赐咄归等已下为率众王、侯、长,赐綵缯有差"。[1] 汉朝对积极牵制抵抗匈奴的乌桓部族时常都会给予丰厚赏赐"青徐二州岁给钱二亿七千万为常。明章二世,保塞无事"。

而汉朝社会经济快速发展对许多少数民族的经济吸引力极大,由于汉朝地处偏远边地且多为少数游牧民族生产物资贸易匮乏,中原地区富庶型的农业生产物资对许多少数民族来说具有强烈的经济吸引力,特别是乌桓、鲜卑等以单一的游牧经济为特点的少数民族,需要直接进行国内对外的农业物资贸易交换,迫使其民族需要通过对外贸易进行各种商品和物资的贸易互换以满足自身需求,东汉与晋灵帝的当时人士应劭就在论及汉与乌桓鲜卑贸易关系时说"鲜卑屡犯障塞,且无宁岁。唯至互市,乃至将来皆可靡而服。苟欲中国珍货,非为畏威怀德"。[2] 文帝初年(公元220年)"自高柳以东,秽貊以西,鲜卑数十部,比能、弥加、素利割地统御,各有分界;乃共要誓,皆不得以马与中国市"。[3] 汉朝在护乌桓校尉府设置了互市,以此与乌桓、鲜卑部落进行商品经济贸易,互市成为稳定边地的重要手段,也成为吸引其内附

---

1 (刘宋)范晔:《后汉书》卷90《乌桓鲜卑列传》,北京:中华书局,1965年,第2989页。

2 (刘宋)范晔:《后汉书》卷48《应劭列传》,北京:中华书局,1965年,第1609页。

3 (晋)陈寿:《三国志·魏书》卷26《田豫传》,北京:中华书局,1959年,第727页。

的重要原因,其次是设置护乌桓校尉还可以在边地民族事物发挥重要作用安抚、管理入居塞内的乌桓、鲜卑部落,更加有效地管理乌桓、鲜卑诸部,作为护乌桓校尉"为了要保持对于节日之人的领护,理其人所生之疾苦怨结,岁时察其循行,问所生之怨结疾苦",每年都需要巡查乌桓、鲜卑人的聚集地,保证协调乌桓、鲜卑、汉人之间的关系,也要注意其所发生的问题。

第二是护乌桓校尉的级别。两汉在护乌桓校尉的级别上有所差异。西汉时期,护乌桓校尉的等级是秩"两千石",东汉时期的级别是"比两千石"。根据汉代汉朝时的官制,官吏的级别与俸禄等等级别以汉朝官吏每年所得的第一百官禄与俸禄之和的数大小为准。又见的有"中两千石""两千石""比两千石"等。中两千石等于一百八十斛;两千石大约等于一百二十斛;比两千石的多大约等于一百斛,汉代十斗为一斛。郡守或者郡太守,诸侯王相均为两千石。所以,郡守或者郡太守的官号也被称为"两千石"。护乌桓太守校尉的最高级别在西汉时期级别是"两千石",级别与同为郡和县太守校尉同级;而在东汉时期则级别是"比两千石",比同为郡和县太守的那个级别低,两汉之时的每个护乌桓校尉都"拥节","节"就是指牛的符节或者可以是牛的节传,也或者可以是称之为牛的节杖,长为尺,其上还有悬旄旗和牛尾。有人拥之者执以旌鞭示信,是为了代表汉朝皇帝愿意行使权力和旨意传达也是皇帝行政旨意的一种重要标志。

第三是护乌桓校尉属官,主要包括长史和司马。西汉时期,丞相、太尉、御史大夫均设有长史,号称是"三公辅佐",是一个相当重要属官职务。郡守的级别是秩"两千石",长史则是掌兵马,秩六百石。司马指的是当时掌管国家军政、军赋的高级官员。两汉武帝时期，大将军营府分别依次设置五部，每部均分别设置司马一名。所以，护乌桓校尉的属官在级别上都属于较高级别的官员。除了可以担任凉州长史、司马之外，护乌桓校尉之下可能还有一些中下级行政官员及其属下的从事官。西汉时期史书中曾明确记载"使匈奴中郎将一人，比二千石。本注曰：主护南单于。置从事二人，有事随事增之，掾随事为员。护羌、乌桓校尉所置亦然"。[1]可以看出护乌桓校尉也是同样的属官设置。

在1971年，内蒙古和林格尔中被发现的一座建于东汉时期的汉代墓葬也在壁画之中[2]，墓主人的最后官职是"使持节护乌桓校尉"，其中一幅壁画"护乌桓校尉出行图"所绘制的十乘出行车辆中，除了主车之外，还有题为"功曹从事"与"别驾从事"的随员。题记中可能还有其他曹掾名称，如在试榜题中填写有"功曹""尉曹""金曹""左仓曹""右仓曹""阁曹""塞曹""贼曹""营曹""解曹"等，这些均为护乌桓校尉下属的中下级属官。

根据《汉书·百官公卿表》记载，在汉代官职紧要之职多拥节。虽然不知道护乌桓校尉的权利到底有多大。但是，从其"拥节"这一条来看，这一职务无疑具有相当大的权利，只有司隶校尉这一官职具有拥节。而当时作为司隶步兵将军校长的尉在《汉书》中没有明确记载"司隶校尉，周官，武帝征和四年初置。持节，从中都官徒千二百人，捕巫蛊，督大奸猾。后罢其兵，察三辅、三河、弘农。元帝初元四年去节，成帝元延四年省。绥和二年，哀帝四月二日复置，但为司隶，冠进士的封号加五贤冠，属大司空，

---

[1] （刘宋）范晔：《后汉书》卷118《志第二八》，北京：中华书局，1965年，第3626页。；掾意为胥吏一类的官员。

[2] 内蒙古文物工作队、内蒙古博物馆：《和林格尔发现一座重要的东汉壁画墓》，载《文物》1974年第1期。

比司直"。[1]再有如在汉武帝前后元封四年和武帝天汉元年,先后两次出使归降匈奴的王乌、杨信以及苏武,均已经为匈奴持节。还有东汉时期的"使匈奴中郎将"和"护羌校尉"都已经是比两千石,也都具有拥节的权利。而使者持节,其目的就是为了加重使者的权力和使者的威信。和林格尔东汉时期墓葬中的壁画中"护乌桓校尉出行"和"宁城护乌桓校尉幕府图"之所以在墓葬主人乘车和车的幕府堂上特别精心绘制出一个饰有三十五重旌的三个赤节,就是为了充分彰显这个墓葬的主人生前曾经持节官员,以炫耀其身份的显赫与重要。所以,墓葬壁画中着重突出了"赤节"来凸显其地位。但是在,两汉时期"持节"与"拥节"也都是"掌节"的意思,就是代表着皇官员具有皇帝授予的节杖。而无论"持节",还是"拥节"都不能作为一个官号来使用,也不具有级别上的特殊含义。到了魏晋时期才把"使持节""持节"或"假节"来作为一个官名来加以使用。而拥有了这一管号的官员,也会在管制上明确规定其所拥有的不同权力。根据魏晋官制,凡是督军、镇守等级别的重要官员,通常都会被加以"使持节""持节""假节"的官号。并且,到了晋代更是明确了这一官名所具有的具体权利范围"及晋受禅,都督诸军为上,监诸军次之,督诸军为下;使持节为上,持节次之,假节为下。使持节得杀二千石以下;持节杀无官位人,若军事,得与使持节同;假节唯军事得杀犯军令者。江左以来,都督中外尤重,唯王导等权重者乃居之"。[2]

实际上晋代的这一个权责规定,在曹魏时期就已经开始实行。

---

1 (东汉)班固:《汉书》卷19《百官公卿表》上,北京:中华书局,1962年,第737页。

2 (唐)房玄龄:《晋书》卷24《志第一四》,北京:中华书局,1974年,第729页。

所以。魏晋战国时期的是守护乌桓校尉,按照惯例都会加"使持节"或者"持节"的官衔。例如:《三国志·魏志》就曾多次记载"文帝践阼,田豫为乌丸校尉,持节并护鲜卑,屯昌平"。在《晋书》中也曾记载,在晋武帝太康三年"乃出华为持节,都督幽州诸军事,领护乌桓校尉,安北将军"[1]。《晋书唐彬传》中也曾记载"太康十年,以唐彬为使持节,监幽州诸军事,领护乌桓校尉,右将军"[2]。

在魏晋以后,护乌桓校尉一职,成为在幽州的常驻的军事官员,通常与"度辽将军"和"都督幽州诸军事"的官衔联在一起。因此护乌桓校尉在管辖少数民族的同时,还需要负责整个东北地区的军事事务,职权进一步扩大。

从汉代史书上的记载上可以来看,"使持节"官号作为一个高级官号及其来源的使用最早在魏晋东汉时期已经开始了,在和林格尔东汉时期墓葬中的壁画中,墓葬上主人物的身份是"使持节护乌桓校尉"。墓主担任使持节护乌桓校尉的时间大约是在顺帝永和五年汉朝迁徙西河郡的治所到离石之后,至汉献帝建安五年,阎柔杀死公孙瓒任命的护乌桓校尉刑举,并归附曹操。曹操任命阎柔为护乌桓校尉持节如旧之前。这一时期,东汉国势衰落,边境犯乱不断。中平元年,中原地区突然爆发了黄巾起义,各地方诸侯割据,中原地区战火不断,社会动荡不安。辽东辽西、右北平三国吴郡乌桓趁中原荆州内乱之际,掳掠幽州汉民十余万户。在此内忧外患的局面下,汉朝末期为了加重护乌桓校尉的权利来应付如此纷乱的局势,便开始以"使持节"等名称来作为官号,

---

[1] (唐)房玄龄:《晋书》卷36《张华传》,北京:中华书局,1974年,第1070页。

[2] (唐)房玄龄:《晋书》卷42《唐彬传》,北京:中华书局,1974年,第1219页。

并授予"使持节"比"持节"更大的权力。在汉献帝建安之后，曹操"奉天子以令诸侯"，实际上完全控制了汉献帝成为"挟天子以令诸侯"。汉朝政府的中央大权已经完全为曹操所掌控。所以，曹丕所说受禅之后的各种政治、权力管理体制就是一直沿袭曹魏，故《晋书》所说"使持节为上，持节次之，假节为下。使持节得杀二千石以下"的政治权利。在总结汉末至曹魏以来的管制，实际上也未必是到了晋代才明确下来。因为《三国志》中没有《职官志》。所以，汉末曹魏时期的"使持节"虽已是作为官号而存在。但是，并没有如《晋书》那样将"使持节"的权力范畴进行明确的说明。而《晋书》也并没有将"使持节"这一官号。直到和林格尔东汉墓葬壁画的发现，才将史书记载中模糊、遗漏之处补足，让后人能够理清"使持节"的发展脉络。

从和林格尔东汉墓葬壁画看来，在东汉末年，护乌桓校尉因加了"使持节"的官衔，其权力和威势都非常显赫。这一点通过墓葬壁画中"护乌桓校尉出行图"就能够最直观的体现出来。出行途中车辆有十乘，不同颜色的马匹一百九十二匹，大小文武属吏、兵卒、仆从等共计一百二十八人。充分显示出了前呼后拥的显贵身份，墓主出行有导车两辆，在车骑左翼和右翼还有众多穿着盔甲、手持武器的骑兵士卒；在车骑之后，还有一列七名前尉组成的骑官，皆手持长兵器；骑官后面是主车，也就是榜题"使持节护乌桓校尉"；主人戴帻，穿着红色禅衣，立乘，黑盖，赤帻，车后有赤节；在主车上方有从骑十二名，分为三列，前后列皆为四名骑兵；每名骑兵都身穿盔甲，手持黑色风侯以及红缨长矛，还有四名骑兵跟随在主车之后，三名骑兵配有弓箭，一名骑兵殿后，双手举槌，仰面敲打面前金钲。

东汉时期，护乌桓校尉的府署设立在上谷宁城县。从壁画中"护乌桓校尉幕府图"反映出，护乌桓校尉掌握有军队，并驻扎在宁城，护乌桓校尉府署被称为营府。在壁画中将营府称为"莫府"，也可称为"幕府"。在中国历史上的记载中，护乌桓校尉府署是有屯兵的，在《后汉书·陈龟传》中就有记载当时匈奴数次发兵攻打营郡，李贤注"谓郡有屯兵者，即护羌校尉屯金城，护乌桓校尉屯上谷之类"[1]。所以，在汉代壁画中位于护乌桓校尉府的幕府旁边墙上绘有屯营等都是与中国历史上的记载相符或吻合的。根据汉朝时的管制，只有大将军的校尉府署才能称之为校尉幕府，例如在《史记·李将军传》中就有记载，大将军卫青"令长史封书与广之莫府""大将军长史急责广之莫府对簿，大将军使长史急责广之幕府对簿。广曰：'诸校尉无罪，乃我自失道。吾今自上簿。'至莫府"[2]，东汉时期的护乌桓校尉由于拥有了"使持节"的官衔，又手握重兵，权力极大。

乌桓、鲜卑部落越来越多人口迁入郡县，边地的常住人口民族比重发生变化，护乌桓校尉已基本无力管辖全部郡县内的乌桓、鲜卑等民族事务，而且随着乌桓、鲜卑部落的大举内附许多部落首领开始参与到内部管理中，到魏晋时期，护乌桓校尉职能发生变化开始成为边地事物总领，两汉魏晋时期的乌桓和鲜卑，都处在原始社会，以部落联盟的形势为主，且没有形成完整的政权结果，后期少数民族的大举内迁，乌桓、鲜卑与汉人民族融合进一步加强。

---

1 （刘宋）范晔：《后汉书》卷90《乌桓鲜卑列传》，北京：中华书局，1965年，第1693页。

2 （东汉）班固：《汉书》卷54《李广列传》，北京：中华书局，1962年，第2446页。

二、乌桓南迁的职业分工与之后的去向

乌桓归附汉朝之后,汉朝将其作为侦骑用以探查匈奴,这就决定了乌桓在归附汉朝后的职业方向。所以,在几次迁徙之后乌桓人组成了骑兵部队,归由各州郡来统领,这些骑兵部队被称为"突骑"。"突骑"的编制起源很早,有学者认为在西汉时期就已经出现"突骑"的编制。其名称最早出现西汉初晁错曾列举"中国之长技",其中有一条云:"若夫平原易地,轻车突骑,则匈奴之众易挠乱也"[1]。突骑之名盖出于此时。在《后汉书·光武帝纪》中,史书记载刘玄更始二年,即公元24年正月上谷太守耿况、渔阳太守彭宠各遣吴汉等率领突骑帮助光武进攻王朗。李贤注"突骑,言能冲突军阵",意指作战之时能够冲锋、突击和攻陷敌军战阵的精锐骑兵部队。在两部史籍中都提到了"突骑",但晁错所说"突骑"应是以战车组成的突击部队。因为在西汉初年,汉军仍是以战车作战为主,并未大规模装备骑兵作战部队。所以,在两处史料中所记载"突骑",后者应当是指骑兵突击作战之意。

这种骑兵部队归由郡太守来指挥统辖。更始初年,耿况为上谷太守,其子耿弇衔命在途,听说王朗声称自己是汉成帝之子,在邯郸起兵,言道:"子舆毙贼,卒为降虏耳!我至长安,与国家陈渔阳、上谷兵马之用,还出太原、代郡,反覆数十日,归发突骑以轔乌合之众,如摧枯折腐耳。观公等不识去就,族灭不久

---

[1] (东汉)班固:《汉书》卷49《晁错传》,北京:中华书局,1962年,第2281页。

也"。[1]耿弇的意思很明确,只要他调动乌桓突骑去攻打王朗,会很轻易的取胜。耿弇之父为上谷郡太守,可以随时调动精锐的乌桓突骑部队。所以,对于击败王朗,耿弇十分的有把握。而后,耿弇劝说其父与渔阳太守彭宠各发乌桓突骑两千,攻打王朗。

其时,幽州各郡均有突骑部队。其中以上谷、渔阳的突骑部队最有名,史书记载"会王郎起,北州扰惑。汉素闻光武长者,独欲归心,乃说太守彭宠曰:'渔阳、上谷突骑,天下所闻也。君何不合二郡精锐,附刘公击邯郸,此一时之功也'"。[2]彭宠是南阳宛人,他和乡人吴汉所任官职都是更始所封,两人又与刘秀同郡。彭宠最终派兵支援刘秀。刘秀收拢了幽州实力最强的两郡,河北局势出现重大变化。史书还记载到"光武将发幽州兵,夜召邓禹,问可使行者。禹曰:'闲数与吴汉言,其人勇鸷有智谋,诸将鲜能及者。'即拜汉大将军,持节北发十郡突骑。更始幽州牧苗曾闻之,阴勒兵,敕诸郡不肯应调。汉乃将二十骑先驰至无终。曾以汉无备,出迎于路,汉即摄兵骑,收曾斩之,而夺其军。北州震骇,城邑莫不望风弭从。遂悉发其兵"。根据上述史书中记载就可得知,幽州十郡都有突骑部队,这十郡是涿郡、广阳、代郡、上谷、渔阳、辽西、辽东、玄菟、乐浪以及右北平郡。而且,这十郡的突骑部队都是归由郡的太守指挥。但是,太守又归州牧来节制。所以,苗曾在开始的时候能够以幽州牧的身份和职权来阻止各郡应调。在吴汉将苗曾杀死之后,才能将十郡突骑尽数征调出来作战。而乌桓突骑在吴汉的率领下,十分的勇武,史

1　(刘宋)范晔:《后汉书》卷19《耿弇列传》,北京:中华书局,1965年,第704页。

2　(刘宋)范晔:《后汉书》卷18《吴汉列传》,北京:中华书局,1965年,第675页。

载"时上使汉等将突骑,扬兵戏马,立骑驰环邯郸城,乃围之"[1],大破王朗的军队,追击十余里,王朗军死伤惨重。光武帝对突骑大加赞赏说:"吾闻突骑天下精兵,今乃见其战,乐可言邪"[2]。至东汉末年蔡邕也对乌桓突骑的勇武和彪悍给出了很高的评价。在平王郎后一年的征战中,幽州突骑成为刘秀军中的主要攻击力量。吴汉"常将突骑五千为军锋,数先登陷阵";耿弇"常将精骑为军锋,辄破走之"。而这些训练有素、作战经验丰富的乌桓突骑相较于王郎、更始势力以及临时组装,缺乏作战经验的农民军来说据有明显的优势。刘秀凭借这支武力击败三大农民军,击走更始势力,基本占据河北。建武元年,即公元25年六月刘秀正式称帝,建立东汉王朝。而幽州突骑几乎参与了刘秀的各项军事活动,在关键时刻发挥了巨大作用,为国家的重新统一做出了杰出的贡献。

在突骑部队的数量上各郡之间也不尽相同,各郡的突骑人数大概是两千至五千之间,数量不等。例如光武帝时期,耿况和彭宠各发突骑两千人,吴汉反击刘永的部将周建时所选的突骑人数是三千人。马援所率领的突骑人数是五千人。而汉灵帝中平四年,即公元187年张温发幽州乌桓突骑讨伐凉州边章的突骑人数是三千人。除此之外,史书记载中没有出现过更多的突骑人数的记录,可能由于这些乌桓突骑本身就是作为精锐的骑兵作战部队存在的。所以,人数不会太多,但其作战实力却是非常之强悍。而造成各郡之间突骑人数多少不等的原因,史书当中并未详载。这

---

[1] (刘宋)范晔:《后汉书》卷18《吴汉列传》,北京:中华书局,1965年,第676页。

[2] (刘宋)范晔:《后汉书》卷22《景丹列传》,北京:中华书局,1965年,第772页。

可能是由于各郡之间，驻留的乌桓部落大小不等，乌桓人数量也是多少不定。而且，供养如此精锐的突骑部队耗费肯定十分巨大，这应当是与各郡之间的经济能力或者所处地理位置有比较大的关系。渔阳太守彭宠反叛之时，按《后汉纪·光武皇帝纪》云："是时北州残破，渔阳独完，有盐铁之积"，还有耿弇劝光武发幽州兵时说："今定河北，北据天府之地"。另《汉书·地理志》渔阳郡条下云："渔阳有铁官，泉州有盐官"。在莽末中原动乱的情况下，边郡却很少受到冲击。另幽州还处在有利的交通要道上，上谷有居庸关，渔阳有卢龙塞，处于与少数民族地区交接的前沿。中原王朝为解决匈奴、鲜卑以及乌桓侵扰问题，而加强边郡的军事建设。

三国之时，曹操也曾经利用征讨三郡乌桓获胜之机，将乌桓人一万余落迁徙到了中原，并从中挑选精锐，组建了著名的"乌桓突骑"部队，这支部队跟随曹操南征北战，为曹操立下了赫赫战功，成为天下名骑。

乌桓突骑的军事活动直到西晋时期仍然存在。史载西晋"八王之乱"末期，时任颖川太守刘舆的胞弟刘琨，为平定地方叛乱，"奔河北，未几"，即"率突骑五千济河攻乔"[1]。此"突骑"即为乌桓突骑。晋宗室司马虓坐镇冀州之时，"遣琨诣幽州，乞于王浚，得突骑八百人，与虓济河，共破东平王楙于廪丘，南走刘乔，始得其父母"[2]，关键时刻，"得突骑八百人"方击败对手。东海王司马越从长安迎惠帝至洛阳，派驻扎幽州的王俊在前开道。

---

1 （唐）房玄龄：《晋书》卷61《刘乔传》，北京：中华书局，1974年，第1673页。

2 （唐）房玄龄：《晋书》卷62《刘琨传》，北京：中华书局，1974年，第1680页。

与此同时，司马虓也派遣都护田徽率领突骑八百迎越。可见，在西晋时期，尤其是因"八王之乱"而导致的天下骚乱中，乌桓突骑作为一支举足轻重的军事力量，而为晋朝军事将领或宗室王侯出力，他们或危难时刻奔赴平叛，或千钧一发之际力挽狂澜，或非常时期作为开路前导，或迎接帝王安定社稷。总之，在风云诡谲动荡不安的特殊时期，他们站在中央政权一边，为忠于中央政府的军事力量所用，虽数量不多，但骁勇善战，实力强悍，成为维护王朝稳定、铲平反叛势力的正义之师。

乌桓突骑作为北方少数民族在汉朝军事组织里一个特殊的作战队伍，早期是作为缘边州郡由于防备北方匈奴、鲜卑等组建的。作为精锐的骑兵作战部队，乌桓突骑凶猛强悍、骁勇善战。在对外以及中原内战过程中都可以发现他们的身影。尤其是在东汉王朝的统一战争当中，乌桓突骑起到了积极促进作用。

历经数次大规模南迁，乌桓人已经与中原农耕文化深度融合，散居在中原各处，在历史上留下了深刻的痕迹：

一是上谷和代郡乌桓。在曹操收服三郡乌桓之后，回师途径易水。上谷乌桓单于那楼和代郡乌桓单于普富卢率众前来庆贺。曹操早在建安五年（公元200年）就已经设立护乌桓校尉，命阎柔来统管乌桓各部，治所就在上谷郡广宁县。上谷乌桓单于和代郡乌桓单于前来庆贺，以表示他们对曹操所代表的中原汉王朝的汉朝拥戴与认同。但是，时隔不久，代郡三名乌桓大人纷纷趁乱自立为单于，自持武力，专治郡事，掳掠妇女、财货之物，太守不能治。曹操在建安二十一年（公元216年）派遣裴潜为太守，并意图派遣精兵震慑乌桓。裴潜对乌桓的治理比较严格，但三年后就被调回丞相府。而继任太守对乌桓人改从宽政，乌桓人又开始横行，郡守将其绳之以法。建安二十三年（公元218年），代郡及上谷乌桓单于无臣氐等反叛。曹操派遣曹彰为中郎将，行骁骑将军，率军讨伐。曹彰大败乌桓，趁机北击，追至桑乾之北。鲜卑大人轲比能率数万骑前来观望强弱，见曹彰勇武力战，乃请服，北方悉平。[1]曹魏代汉而立之后，上谷乌桓时有不恭之举。文帝黄初五年，以田豫为使持节护乌桓校尉，治所仍在广宁县。上谷乌桓王骨进桀黠不恭，豫因出塞案行，单于麾下百余骑入进部，进迎拜，豫遂使左右斩之，暴其罪恶于众，众皆震怖不敢动。豫遂以进弟代进为王，自是乌丸慑服。

二是太原乌桓和雁门乌桓。太原乌桓在汉初入塞居住后，在建安二十二年（公元217年），曾迁往陕西中南部，用于防备卢水胡作乱。其年曹操攻拔汉中，太原乌桓王鲁昔与其所属部众五百骑擅自逃回晋阳，并州刺史梁习遣鲜卑兵追击，鲜卑兵射杀太原乌桓王鲁昔。此后，太原乌桓情况不明，但根据一些历史记载，这一带有"乌桓贼"活动，应是太原乌桓后人。

雁门乌桓于汉顺帝阳嘉四年，即公元135年以及永和五年（公元140年），两次叛乱失败之后，归附降汉。由于长期居住于汉、魏王朝的统治地区，且长期与汉族农民接触，在经济、文化以及生活方式上受到很深的影响。一部分雁门乌桓人开始放弃游牧生活，转而从事农耕，与当地农民一样向官府缴纳租调。这说明雁门乌桓中一部分人已经成为州郡的编户齐民。黄初五年（公元224年），牵招任太守。由于地处边陲，鲜卑时有寇边之举。牵招一面教民战阵，一面上表请示免除乌桓五百余家百姓的租调，

---

[1] （晋）陈寿：《三国志·魏志》卷19《任城威王彰》，北京：中华书局，1959年，第555页。

使备鞍马，远遣侦候。而另一部分乌桓人在乌丸归义侯王同、王寄的操纵下与鲜卑大人轲比能勾结作乱。此后，王同、王寄被另一部鲜卑大人步度根的部众杀死。

雁门乌桓此后也在历史上有所记述。晋怀帝永嘉元年（公元307年），乌丸张伏利度有众两千，壁屯于乐平，时据平阳的后汉主刘渊屡招而不能。羯胡石勒设计执张伏利度，然后释之，张伏利度折服。石勒遂率其部众归于刘渊。由此可见，上党、乐平一带也有乌桓，且人数达到两千之多。但这些乌桓人是否属于雁门乌桓，史料没有详载。

三是幽州渔阳乌桓。曹操在建安十二年平复辽东三郡乌桓之后，史书对渔阳乌丸很少有记载。但是，渔阳作为早期乌桓部落的聚居地，在此仍有不少乌丸势力。例如《魏书》卷一零三《徒何段就六眷传》中记载，就六眷本出辽西，他的伯祖日陆眷在穆帝拓猗卢未立之前，因为辽西变乱，被卖给渔阳乌丸大人库辱官为家奴。后渔阳大饥，库辱官见日陆眷勇健，便命其率部众前往辽西逐食。说明在公元三世纪期间，渔阳仍存在乌丸大人统领的乌丸部众。后来在道武帝拓跋珪天兴元年（公元398年），渔阳乌桓大人库傉官韬的带领下，曾聚众反抗北魏，足见渔阳仍存在有一定的乌桓势力。

四是辽东、辽西、右北平三郡的乌桓残部。曹操平复三郡乌桓之后，将一万余落迁入中原，组成了骑兵部队，成为"天下名骑"。但是，仍有不少乌桓人留在原地继续生活。魏明帝景初元年（公元237年），东吴孙权派遣使节渡海与高句丽取得了联系，欲袭辽东。魏明帝派遣由州刺史毌丘俭率诸军鲜卑、乌丸屯于辽东南界，以资警备。原属右北平乌丸单于寇娄敦及辽西乌丸都督率众王护留等，此时正居住于辽东，遂率其部众随毌丘俭内附。人数总计达五千余。公元207年曹操收复三郡乌桓开始到237年，经过三十年的繁衍生息，这些乌桓残部仍在辽东生活，并按照其原来的部落组织和内部的统治关系，产生了新的单于。由此可知，这些跟随毌丘俭归附的乌桓人应当是当年战败后逃往辽东三郡的乌桓人后代。在《三国志》中对此有明确的记载："帝图讨辽东，以俭有干策，徙为幽州刺史，加渡辽将军，使持节，护乌丸校尉。率幽州诸军至襄平，屯辽隧。右北平乌丸单于寇娄敦、辽西乌丸都督率众王护留等，昔随袁尚奔辽东者，率众五千余人降。寇娄敦遣弟阿罗盘等诣阙朝贡，封其渠率二十余人为侯、王，赐舆马缯采各有差。公孙渊逆与俭战，不利，引还。明年，帝遣太尉司马宣王统中军及俭等众数万讨渊，定辽东。俭以功进封安邑侯，食邑三千九百户"[1]。

汉末、三国时期，战争频繁，社会秩序荡然不存。大批的人口因战乱流散、死亡，人口数量锐减。乌桓部族在这一历史洪流中也被卷入其中，在长时间的迁徙和驻留过程中与诸多的民族杂居融合，故难以界定其民族所属，只能将其划入杂胡之中。而且，在公元224年，牵招担任雁门太守时，曾经上表请求免去五百家乌桓人的租调，使备鞍马，远遣侦候。这就说明，乌桓人不仅与其他"胡夷"民族杂居过程中不断的与之融合，还有大量的乌桓人在与汉族百姓几百年的接触杂居过程中转变为与汉族百姓一样从事农耕生产，融入进了汉族百姓当中。

从乌桓人的姓氏上来说，乌桓人本来没有姓氏"氏姓无常，

---

[1] （晋）陈寿：《三国志·魏志》卷28《毌丘俭传》，北京：中华书局，1959年，第762页。

以大人健者名字为姓"。但是，在魏晋之后，不仅人人都有自己的姓，还因为长时间与其他民族在一起混杂居住，往往采用其他民族的姓氏为己所用。例如乌丸刘虎、刘显、刘大、刘哆等就用刘姓来为己姓。而如乌丸张伏利度就以张姓来为己姓。在史书记载当中乌桓与匈奴、汉族等民族，由于相互杂居、相互融合。尤其是在与汉民族的长期杂居当中很多乌桓人已经改变了原本游牧生产生活的习俗，转为定居农耕生产，深度融合到中原文化当中。这些都从起汉姓、用汉法充分得以体现，已经融为中华民族的一部分。

三、鲜卑的迁徙与中原文明交融

鲜卑是我国北方草原的一个古老的北方少数民族，广泛分布于我国北方和东北一带，曾建立过前燕、后燕、西燕、南燕、南凉、西秦、吐谷浑以及北魏、东魏、西魏、北周等多个北方少数民族政权。古代的鲜卑部族按照其起源地区来划分可以分为两部：东部鲜卑和拓跋鲜卑。东部鲜卑分布在内蒙古草原东部鲜卑山一带，即今科尔沁右翼中旗附近，后迁徙至饶乐水流域，也就是今内蒙古赤峰市西拉沐伦河流域。而东部鲜卑的发展又可以详细的划分为前期和后期两个阶段。拓跋鲜卑原本分布在黑龙江上游额尔古纳河流域。当匈奴西迁之后，拓跋鲜卑开始向草原南部、西部、中部迁徙，在此期间不断与滞留在草原上的残余匈奴部落相融合。从文献记载来看，东部鲜卑最早出现，拓跋鲜卑在其后。但是，由于拓跋鲜卑最后统一了中原地区，建立了强大的中央政权，遂将"鲜卑"之名据为己有，其影响的深远程度远超东部鲜卑。所以，此处只能用"东部鲜卑"和"拓跋鲜卑"将其区分。

鲜卑部族在东胡部落联盟被匈奴冒顿击溃之后逃至鲜卑山。根据《后汉书》记载记载"鲜卑者，亦东胡之支也，别依鲜卑山，故因号焉"。鲜卑自逃亡到鲜卑山后，直至乌桓部族被骠骑将军霍去病南迁为止，一直停留在鲜卑山一带。

1. 鲜卑的第一次南迁

元狩四年，骠骑将军霍去病攻击匈奴左贤王部，并将其击溃后，遂将乌桓部族南迁至辽东五郡塞外。这就使乌桓原驻牧地饶乐水一带出现了空白，原本遮挡鲜卑部族南迁的道路被打开。所以，鲜卑部族开始了第一次迁徙。这次南迁对于早期的东部鲜卑来说尤为重要，史书《后汉书》记载"以季春月大会于饶乐水上，饮宴毕，然后配合"。东部鲜卑迁徙至西拉沐伦河流域之后一直不见于史书，直到东汉光武帝建武年间实力强大之后，才出现在历史舞台上的原因。东部鲜卑这次南迁不仅从大兴安岭南段森林地区，迁徙到了西拉沐伦河流域宜农宜牧的空旷草原地区，获得了更大的发展空间。同时，鲜卑部族来到西拉沐伦河流域以后，其视野也随着与匈奴、乌桓等部族交往中得到了扩展，也为未来进一步的发展和壮大打下了基础。

2. 鲜卑的第二次南迁

鲜卑的第二次迁徙是在东汉初年。建武二十一年匈奴攻略上谷、中山，鲜卑侵扰辽东边郡。这是鲜卑与汉朝相互接触始见于册。虽然经过一百多年的发展，鲜卑部族的实力有所增强，但并不是十分强大，例如，鲜卑最多一次出动兵力寇边也仅为万余骑[1]。

---

[1] （刘宋）范晔：《后汉书》卷20《祭肜传》，北京：中华书局，1965年，第744页。

不过，在于东汉王朝的战争当中，实际上也是鲜卑部族接触和了解东汉王朝文化、经济、政治、军事等方面的内容的一种特殊途径。鲜卑通过这种特殊途径，对其开拓自身的政治视野以及未来自身发展的选择都起到了十分重要的促进作用。至光武帝建武二十四年（公元48年），匈奴分裂为南北匈奴之后，南匈奴归附汉朝，北匈奴继续与汉朝对立。东汉王朝趁机招抚鲜卑。于是，鲜卑大人偏何接受了辽东太守祭肜的安排，开始攻打北匈奴左部伊秩訾，借此机会，一举摆脱了与匈奴数百年的依附关系。汉朝政府封鲜卑大人聆仇贵、满头等先后都被封为王、侯。于是，鲜卑大人皆来归附汉朝，并至辽东受赏赐。从此时开始，鲜卑方才汉朝正式建立的隶属关系。鲜卑部族的势力和一部分部落已经扩张或迁徙到辽东塞外之地。鲜卑部族此次迁徙，从东汉王朝方面政治上得到了东汉王朝的认可和帮助；在经济上每年可以得到东汉王朝两亿七千万钱的经济援助；鲜卑的军事力量、经济实力、控制范围、发展空间等方面都得到了巨大的提升和改善。

3. 鲜卑的第三次迁徙

东部鲜卑第三次迁徙是在章和元年（公元87年），由于北匈奴实力不断衰弱，南匈奴、鲜卑、乌桓、丁零以及西域诸国开始联合起来，发起了对北匈奴的全面战争。因此，北匈奴从南到北，从东至西都遭到了攻击。史载此次战争致使北匈奴"不复自立，乃远引而去"。此后，在公元87年东部鲜卑部族又再次发动了对北匈奴的战争，这次是由鲜卑部族独立完成的对北匈奴作战，史载"鲜卑入左地击北匈奴，大破之，斩优留单于，取其匈奴皮而还。北庭大乱，屈兰、储卑、胡都须等五十八部，口二十万，胜兵八千人，诣云中、五原、朔方、北地降"。这次战争鲜卑除了击败匈奴，俘获了大量的人口之外。最重要的一点就是沉重打击了北匈奴在北方草原的统治，使其无法在北方草原继续驻留。公元89年之后，北匈奴由于实力严重衰弱，不得不离开北方草原，向西迁徙到中亚一带。但是，在北匈奴离开之后，北方草原上仍有十余万落的原匈奴部民残留。由于战争以及北匈奴的统治机构和主力向西迁徙的缘故，这些残留在北方草原的匈奴部民处于无人管理的混乱状态，北方草原此时也处于统治的真空状态。于是，东部鲜卑开始向西迁徙，尽占原北匈奴之地，吸收了这些原北匈奴的残留部民，而这些匈奴残部在被鲜卑部族吸收和接纳之后也自称为"鲜卑"。可以说此次迁徙对于东部鲜卑日后的发展来说是至关重要的。第三次迁徙就使得鲜卑部族获得了巨大的人口以及庞大的统治地域。

至檀石槐被推举为邑落大人之后，檀石槐在弹汗山建立了自己的庭帐，鲜卑东西部大人皆归附于檀石槐。于是，檀石槐"南抄缘边，北拒丁零，东却夫余，西击乌孙，尽据匈奴故地，东西万四千余里，南北七千余里，网罗山川水泽盐池"[1]。这里要指出，檀石槐主鲜卑之时，只是将鲜卑的活动中心和统治中心迁往弹汗山，弹汗山本就已经处于东部鲜卑的控制之下。所以，这只能称之为东部鲜卑部族统治中心的迁移，不能将其看作是鲜卑部族的迁徙和势力范围的扩张。在此之后，檀石槐完成了对东部鲜卑各邑落所控制地区的整合，有效的将中、东、西部鲜卑整合成为了一个统一的鲜卑军事大联盟集团。檀石槐去世之后，鲜卑军事大联盟分裂，其后东部鲜卑的首领轲比能也仅仅是在中东部鲜卑所

---

[1] （刘宋）范晔：《后汉书》卷90《乌桓鲜卑列传》《后汉书》卷20《祭肜传》，北京：中华书局，1965年，第2989页。

控制地区内进行活动，未能进一步扩张鲜卑的势力范围和再次进行迁徙。

鲜卑人在东胡部落联盟被击溃之后一直居住在鲜卑山一带。鲜卑从东汉初年出现于史籍之中后，直至曹魏时期他们的生产方式都没有太大的改变，始终以游牧、渔猎作为主要的生存手段，手工业的发展很不充分，基本上没有什么农业。所以，对于人口众多，生产生活方式落后的鲜卑人来说，必须依赖于中原王朝为其提供大宗稳定的生产生活物资，改善鲜卑人生产生活状态。特别是新兴的统治者所需要的珍品更要仰赖中原，他们对于互市的要求是迫切的。

文献中记载，在两汉四百多年的时间里，在乌桓、鲜卑逐步南下的同时，中原王朝部分阶级通过不同的形式，不同的缘由逐渐向乌桓、鲜卑居住的地区迁移推进。缘边各郡从开设为郡县以来，各地早已有汉族人民、官吏和一部分边防驻军居住于此。由此可见，边郡其实是中原地区汉族、匈奴、乌桓、鲜卑等民族的族民居住地。到东汉末年乌桓迁徙，段氏、宇文、慕容三部东部鲜卑遂定居在辽东、辽西、右北平诸郡之地。

中原地区和边郡的汉族对鲜卑族在政治、经济、文化，语言等方面的发展都起到了重要影响。从早期文献记载来看，鲜卑人在公元前119年乌桓人被霍去病将军迁徙至辽东五郡边塞之后，鲜卑人的南下通道才得以畅通。鲜卑人遂迁徙到西拉木伦河流域，如史书中所述"以季春月大会于饶乐水上"，而"饶乐水"就是西拉木伦河。但是，鲜卑人此时并不强大，仍然接受匈奴人的统治。各方面仍未有所改变。甚至一直到檀石槐的父亲投鹿侯之时也没有改变，史书记载"鲜卑檀石槐者，其父投鹿侯，初从匈奴军三年"[1]。东汉为改善鲜卑艰苦的生存困境，每年都会为鲜卑提供大量的援助，使其能够提高生活条件和劳动技能"青徐二州给钱岁二亿七千万为常"[2]。

到鲜卑檀石槐主政时期已经东汉晚期，东汉内部管理非常混乱，军力强大、社会稳定的鲜卑成为很多逃亡汉人的目的地，这些汉人的加入，无疑为鲜卑技术和文化的进步提供了巨大帮助，史载"自匈奴遁逃，鲜卑强盛，据其故地，称兵十万，才力劲健，意智益生。加以关塞不严，禁网多漏，精金良铁，皆为贼有；汉人逋逃，为之谋主，兵利马疾，过于匈奴。昔段颎良将，习兵善战"[3]。可见，大量汉人的加入，对鲜卑的社会管理、物资流通等都起到了极大的作用。

轲比能鲜卑联盟时期，在与曹魏等政权的接触并从中吸取对鲜卑统治有利的相关内容方面较之檀石槐联盟时期有所推进。这种情况的出现，当然也有相应的客观原因。中原地区的动乱，各支割据势力的争夺拼杀，使得民众正常的生产和生活受到了严重的影响。许多汉人百姓不得不向北避难，逃入鲜卑控制区。根据相关史料记载，轲比能鲜卑"部落近塞，自袁绍据河北，中国人多亡叛归之，教作兵器铠楯，颇学文字。故其勒御部众，拟则中国。出处弋猎，建立旌麾，以鼓为进退"[4]。这段记载虽然简略，

---

1 （刘宋）范晔：《后汉书》卷90《乌桓鲜卑列传》《后汉书》卷20《祭肜传》，北京：中华书局，1965年，第2989页。

2 （刘宋）范晔：《后汉书》卷90《乌桓鲜卑列传》《后汉书》卷20《祭肜传》，北京：中华书局，1965年，第2986页。

3 （刘宋）范晔：《后汉书》卷90《乌桓鲜卑列传》《后汉书》卷20《祭肜传》，北京：中华书局，1965年，第2991页。

4 （晋）陈寿：《三国志·魏志》卷30《乌丸鲜卑东夷传》，北京：中华书局，1959年，第836页。

但涉及的内容却是轲比能鲜卑部主动吸收中原政治统治、军事指挥、文字、手工业等。有多少中原汉人逃入轲比能鲜卑活动的地区，史料中没有详细的记载。如果从轲比能接受魏文帝"附议王"以后一次就放还"魏人在鲜卑者五百余家，还居代郡"看来，数量决不在少数。"魏人"，明显是指曹魏政权统治下的汉人。"五百余家"以一家5口计，约为2500人。在鲜卑活动的地区生活的汉人为轲比能所用，在多领域内吸收农业民族的统治方式和文化，为以往的匈奴和鲜卑檀石槐联盟时期所没有。这种吸收不是强制性的，而是当时鲜卑社会发展的需要。在北方民族的历史上，我们也不是第一次见到学习文字的记载。尽管轲比能所学文字后的社会情况不可考。但是，可以肯定的是中原文化对其影响是比较深的。

轲比能为了实现对以本部鲜卑为主干，包括汉人、乌丸人以及自愿以鲜卑相称的匈奴人的有效管理，就要有一套行之有效的制度或办法。能够把相关的统治手段传授给轲比能的，也是汉人中具有一定身份或相关知识的人。史料中突出地强调了"勒御部众，拟则中国，出入弋猎，建立旌麾，以鼓节为进退"，说明轲比能的确吸取了一些能够与鲜卑的统治习俗配合实施的统治方式。从后来轲比能势力不断强大，并引起曹魏政权高度关注以至出重兵打击轲比能的历史事实来分析，在制度方面学习中原在轲比能时期是成功的。在各层面制度建设以及落实与中原文明交融互动方面，檀石槐的鲜卑军事联盟不如轲比能。在史书中有关檀石槐的记载除了开创了庞大的疆域、控制了众多的人口、发动了众多的战争之外，在生产力的改善和提高以及相关制度的建设方面记载"自匈奴遁逃，鲜卑强盛，据其故地，称兵十万，才力劲健，意智益生。加以关塞不严，禁网多漏，精金良铁，皆为贼有；汉人逋逃，为之谋主，兵利马疾，过于匈奴。"[1]可以看出檀石槐获取生产生活物资都是依靠关塞不严导致的走私，所得到的汉族人口也多从事参谋一类的职务，并未真正强化自身的生产制度，改善自己的生产方式。否则，史书也不会记载檀石槐为了解决粮食问题去发动对倭人国的战争，以获取能够捕鱼的倭人来缓解鲜卑粮食供给不足的问题。而轲比能在相关制度及建设方面要远强于檀石槐，史书记述"部落近塞，自袁绍据河北，中国人多亡叛归之，教作兵器铠盾，颇学文字。故其勒御部众，拟则中国，出入弋猎，建立旌麾，以鼓节为进退"[2]。可以看出，无论是在文化制度、科技发展、军事制度等领域，轲比能与中原文明交融要远好于檀石槐的联盟，可以说对于鲜卑部族各项制度的发展以及与中原文明的对接起到了极其重要的过渡作用。而从轲比能死后，东部三部鲜卑登上历史舞台之后也依旧延续"世袭继承"制度这一情况来看，轲比能作为一个被推举产生的鲜卑大人在鲜卑政治制度方面虽然沿袭了檀石槐的世袭制，但却是将这一制度彻底落实到鲜卑各部。而且，轲比能对于中原文化、农业、军事等制度在鲜卑部族的深入推进，在东汉灭亡至西晋建立这一重要的历史时期起到了极大的历史过渡作用，对于鲜卑部族日后的发展可以说在思想上、观念上、制度上都具有桥梁纽带的连接作用。在早期草原游牧民族政权当中，无论是强大的匈奴帝国，还是后来庞大的第一次鲜卑军事联盟，实际上都没有在思想上、观念上、制

1　（刘宋）范晔：《后汉书》卷90《乌桓鲜卑列传》《后汉书》卷20《祭肜传》，北京：中华书局，1965年，第2991页。

2　（晋）陈寿：《三国志·魏志》卷30《乌丸鲜卑东夷传》，北京：中华书局，1959年，第836页。

度上与中原王朝有深入的对接。事实上，这一时期正处于草原文明初成时期，草原文明各项制度本身就处于相互交叉、相互融合的过程之中。而到了轲比能时期，由于草原文明已经无法形成一种独立和完善的制度体系与生产体系来满足草原民族生存与发展的需要，不得不为了生存和发展的需要对自身的制度和观念进行革新和改变。轲比能恰恰在这一时期大胆的完成了不论是匈奴亦或是鲜卑檀石槐都没能深入探索的制度和观念改变的尝试，在军、农、工、商、文等多个制度领域与中原文明进行融合，逐步改善封闭的草原民族思想观念，对于后来鲜卑各部在思想、观念和生产制度等多个领域与中原文明进行全面融合、对接起到了不可替代的过渡作用。在此后发展壮大的三部鲜卑以及后来慕容部所建立的一系列中原区域性诸燕政权当中，我们能够切身感受到这些政治制度、生产制度等为鲜卑人所带来的变化，应当说通过轲比能更进一步壮大鲜卑第二次联盟所做出的阁主制度上的改变，有效的促使鲜卑各部在思想上、观念上、制度上进行了过渡性改造，融入在到中原王朝的政治体系当中，以致后来诸部鲜卑实际上已经改变了草原民族以往在政治管理上所普遍采用的"行国"体制，改为与中原王朝所相同的农耕"齐民编户"体制，为后来鲜卑人更进一步在中原建立区域政权，甚至为后来的拓跋鲜卑的北方中原全面性政权的建立以及政治、思想、生产等多层面的体制变化做出了尝试和改变。日后北方少数民族如契丹、女真、蒙古等在中原建立全国性中央政权起到了良好的体制示范作用。这是轲比能在历史上不可被忽略的作用，同时也是轲比能为草原社会体制改革做出的探索。

鲜卑与中原王朝在交往融合方面建立起了一套完整的朝贡制

度。从公元一世纪中期鲜卑部族登上历史舞台开始就很快与中原王朝建立了朝贡关系,并建立起了一套完整的体制。而且,这之后无论是鲜卑作为部族整体,或是鲜卑的某一部都保持着对中原王朝进行朝贡的制度。在了解了东部鲜卑朝贡制度和诸燕政权这一段时间的朝贡制度之后,人们清晰地认识了东部鲜卑从塞外游牧部族逐渐汉化为一个北方政权的发展道路,为探讨不同王朝和政权如何治理东北边疆地区提供了一个可借鉴的新思路。

最初,东汉与鲜卑的关系从边境战争开始,东汉政府对边境的地区多实行"以夷制夷"的政策,其中以辽东太守为代表的汉朝官员在东北边境地区采取恩威并施、以夷制夷的政策,对鲜卑示以恩义进行拉拢,但又切断鲜卑与匈奴的联合对其进行隔离分化,致使"大都护偏何遣使奉献,愿得归化""邑落诸豪并归义,愿自效"。建武二十五年(公元49年),鲜卑与东汉建立了"驿使",加强了鲜卑与东汉的联系,使中原王朝在东北的鲜卑地区初步建立了朝贡制度,"自是匈奴衰弱,边无寇警,鲜卑、乌桓并入朝贡"。[1] 东汉时期东北边疆各部族朝贡制度实行诣边郡朝贡,塞外鲜卑部族通常诣辽东郡朝贡。因其朝贡关系,东汉政府赏赐给鲜卑人的钱币一年可以达到二亿七千万,据文献记录:"汉故事,供给南单于费直岁一亿九十余万,西域岁七千四百八十万"。[2] 汉朝赏赐匈奴南单于和西域各国金额的总数不及二亿,由此可见汉朝对鲜卑的赏赐已经远超出了对其他边疆地区朝贡部族的赏赐。由此可见,当时东汉政府对于和鲜卑人建立的朝贡制度是非常重视的。

---

1 (刘宋)范晔:《后汉书》卷20《祭肜传》,北京:中华书局,1965年,第744页。

2 (刘宋)范晔:《后汉书》卷45《袁安子京列传》,北京:中华书局,1965年,第1520页。

鲜卑部族在朝贡制度开始实行的时候都是由不同的行政地区管理的，从开始的各郡管理，因朝贡的部族增加，东汉政府开始以护乌桓校尉、度辽将军和各郡一起管理。安帝"令止乌桓校尉所居宁城下，通胡市，因筑南北两部质馆。鲜卑邑落百二十部，各遣入质"[1]。燕荔阳所率领新归附的120个鲜卑部落，由于其人数众多不易管理，由东汉政府对接受理，将新归附这些部族纳入朝贡制度，由护乌桓校尉管辖，设质馆令各部族遣质子前来，设胡市岁时贸易。东汉政府，对鲜卑朝贡各部族实行"恩威并施"的经济安抚和政治控制的手段进行统治。首次诣阙朝贡的鲜卑大人可以得到东汉政府的册封，有"率众王""率众侯""亲汉王"等封号。鲜卑人在被纳入朝贡制度后，中原王朝会赏赐朝贡成员钱财物品，对其部族首领进行册封外，也有其应尽的义务，如随从出征作战，服从指派，参与平叛战争，如永元六年（公元94年）"九月，行车骑将军事邓鸿、越骑校尉冯柱发左右羽林、北军五校士及八郡迹射、乌桓、鲜卑，合四万骑，与度辽将军朱征、护乌桓校尉任尚、中郎将杜崇征叛胡"[2]。这反映出东部鲜卑早期在建立了与东汉政府的的朝贡制度之后积极遵守和参与到东汉政府所主导的军事和政治行动当中。

到东汉末年，战乱频起，分为三国，曹操控制了中原北方大部分地区，东部鲜卑的各部开始向曹魏政权朝贡。《三国志》记录"太祖（曹操）定幽州，步度根与轲比能等因乌丸较尉阎柔上贡献""素利、弥加、厥机皆为大人，在辽西、右北平、渔阳塞外，

1　（刘宋）范晔：《后汉书》卷90《乌桓鲜卑列传》，北京：中华书局，1965年，第2986页。

2　（刘宋）范晔：《后汉书》卷101《天文志中》，北京：中华书局，1965年，第23235页。

道远初不为边患,然其种众多于比能。建安中,因(护乌桓校尉)阎柔上贡献,通市,太祖皆表宠以为王。厥机死,又立其子沙末汗为亲汉王。延康初,又各遣使献马。"[1]在汉末魏初有名的鲜卑大人,如轲比能、步度根、弥加等,曹操对他们实行安抚政策。东汉王朝灭亡后,鲜卑朝贡制度在三国时期没有停滞,继续发展。虽没有作为整体向曹魏政权朝贡,但各部鲜卑大人均严格执行这一朝贡制度。曹魏政权为加强对鲜卑朝贡成员的管理,增设护鲜卑校尉,并任命田豫为护乌丸校尉。经过十几年的发展,东北地区鲜卑朝贡制度大体上趋于稳定。因为中原战事频繁,曹魏时期的鲜卑大人通常诣护乌桓校尉、或诣幽州刺史兼任护乌桓校尉朝贡,曹魏政权对鲜卑大人的册封大体上也因护乌桓校尉或幽州刺史的奏报而实行册封,如轲比能给魏文帝的上书中说"故(护乌桓)校尉阎柔保我于天子"。因护乌桓校尉田豫的奏报,文帝"素利、弥加为归义王"进行册封。受到册封的鲜卑大人除了部落最高首领外他的兄弟子侄也可以获得一定的封号,给予印绶,有时还赐予"幢麾、曲盖、鼓吹"等物品。

随着时间的推移,到西晋时期,迁入塞内的鲜卑部族越来越多,到西晋后期,幽、平二州之地的鲜卑部落逐渐形成了段氏鲜卑、宇文氏鲜卑、慕容氏鲜卑三个较强大的势力集团。

早在曹魏时期,段氏鲜卑在辽西郡已初具规模,到段务勿尘时期逐渐强盛。务勿尘因随从王浚出征立战功,被晋帝册封为"大单于""辽西郡公",在此之后段氏鲜卑大人都承袭此封号。另外,"怀帝即位,以务勿尘为大单于,匹䃅为左贤王,率众助国征讨,

---

[1] (晋)陈寿:《三国志·魏志》卷30《乌丸鲜卑东夷传》,北京:中华书局,1959年,第840页。

假抚军大将军"[1]建武元年，刘琨等181人上书劝进，"幽州刺史、左贤王、渤海公段匹磾"[2]，"单于、广宁公段辰"，"辽西公段眷"。东晋时以段辽为"骠骑将军"等。其中"大单于""左贤王"具有匈奴官位的特点，"辽西郡公""渤海公""广宁公""骠骑将军"则具有汉朝官位的特点，由此可以看出这一时期中原王朝册封朝贡成员的封号发生了变化。其中郡公的封号可以看出中原王朝对其地位的认可，将军则是武职官位，有为中原王朝出军助战的含义。汉魏以来册封鲜卑等北方部族首领的封号具有一定的特点，如"亲晋王"。段匹磾自立为幽州刺史，在得到晋廷的认可后，他的身份已经从朝贡制度部族首领转变为晋朝的官员，他所统领的部族人民，也是晋朝的编户齐民。段匹磾死后，太宁元年（公元323年）晋元帝以"以尚书陈眕为都督幽平二州诸军事、幽州刺史"[3]。太宁三年（公元325年）"幽州刺史段末波卒，以弟牙嗣"。咸和六年（公元331年）"二月己丑，以幽州刺史、大单于段辽为骠骑将军"[4]。这句讲述的是段匹磾死后，段氏鲜卑单于沿袭了段匹磾的幽州刺史官号，实际上他不是晋朝的命官，但表现出了段氏鲜卑对东晋的臣服。其中，段氏鲜卑单于是否遣使向东晋朝贡，史书中并未记载。但后来段龛自号齐王，在建邺称藩，也就是向东晋遣使朝贡，表现出段氏鲜卑对晋朝的政治认同。

---

1 （唐）房玄龄：《晋书》卷63《段匹磾传》，北京：中华书局，1974年，第1710页。

2 （唐）房玄龄：《晋书》卷6《帝纪第六》，北京：中华书局，1974年，第145页。

3 （唐）房玄龄：《晋书》卷6《帝纪第六》，北京：中华书局，1974年，第160页。

4 （唐）房玄龄：《晋书》卷7《帝纪第七》，北京：中华书局，1974年，第176页。

宇文鲜卑最初是东汉时期辽东地区奉行鲜卑朝贡制度的部族。在西晋时期,宇文鲜卑依然向晋王朝朝贡。在鲜卑大人慕容廆上表晋武帝请求攻打宇文鲜卑"武帝弗许"中可被证实。西晋末期,宇文鲜卑由平州刺史、护东夷校尉统领。据文献记载护东夷校尉、平州刺史恐慕容鲜卑势力坐大,于是调集塞内外朝贡部族宇文鲜卑、段氏鲜卑和高句丽,合力攻打慕容廆。

慕容鲜卑生活在北方塞外草原地带。东汉中后期,慕容鲜卑在檀石槐之时就出任中部鲜卑几个邑落的"大人"之一。曹魏初年,慕容鲜卑东迁进入边郡,在西辽河地区逐渐发展起来。此后,魏帝多次册封慕容部鲜卑大人,如慕容鲜卑大人莫护跋因军功被魏明帝册封为"率义王",其子木延被封为"左贤王"等等。晋武帝太康十年(公元289年)慕容部大人慕容廆反叛而后又投降于中原王朝"帝嘉之,拜鲜卑都督"。慕容廆被册封为鲜卑都督后,到护东夷校尉拜谒校尉何龛,史书记载"廆致敬于东夷府,巾衣诣门,抗士大夫之礼"。[1] 首先说明慕容部大人得到册封后,要到护东夷校尉处谢皇恩,其次说明慕容廆行为举止都遵循的是晋朝礼仪慕容鲜卑自涉归时"渐变胡风"的记载属实。自"八王之乱"以后,中原王朝北方大部分地区陷入战乱,慕容廆依然向晋朝朝贡。永嘉五年(公元311年)前赵攻入洛阳,晋怀帝被俘,被囚于平阳,中原王朝的政局又陷入混乱。幽州刺史王浚为发展自己的势力,想要笼络慕容廆,承诺任其为散骑常侍冠军将军、前锋大都督大单于,慕容廆拒而不受,认为这不是晋帝授予。愍帝时册封慕容廆为镇军将军、昌黎辽东二郡公。此后,慕容廆又受东晋

---

[1] (唐)房玄龄:《晋书》卷108《慕容廆载记》,北京:中华书局,1974年,第2804页。

多位帝王册封,一生共受晋王朝册封多达9次,可看出慕容廆对中原王朝的认同与臣服,比之中原王朝的朝堂汉臣更令人敬佩。

从上述可以看出,自西晋以来东北地区鲜卑部族逐渐内附,到西晋后期东北地区的鲜卑部族形成三个较为强大的势力集团,这三个势力集团与晋王朝都保持着较为稳定的朝贡制度。至西晋末期,中原王朝政治形势发生变化,政局混乱时三个鲜卑部族的势力与中原王朝的朝贡关系也发生了变化。段氏鲜卑以辽西为据地,控制了幽州的大部分地区。慕容鲜卑以昌黎郡北部为据地,控制了昌黎郡大部分地区和辽东的部分地区。宇文鲜卑则在边郡与塞外占据大部分地区,在其鼎盛时部族人数达到几十万人,后在其与慕容部的斗争中迅速衰落下来。其中段部、慕容部始终保持着与晋王室的朝贡关系,慕容部在晋室南渡之后,仍然表现出对晋廷的臣服,进行朝贡,至慕容廆去世始终保持着对晋王朝的忠心,以晋王朝的臣属自居。此后,慕容部建立的诸燕政权在早期也保持着一定的朝贡体制,有学者将其称之为—亚朝贡体制,在此就不进行进一步的分析和论述。晋王朝消亡之后,诸燕政权忙于北方战争,这种鲜卑朝贡制度随之淡漠消散。

根据以上所述,东北地区鲜卑自东汉初年开始向中原王朝进行朝贡,在汉魏晋各朝时,在鲜卑地区朝贡制度的发展下,大部分东部鲜卑部族由塞外地区逐渐内迁到北方诸郡,各地州郡都在"因俗而治"政策的统辖下。随着东北部分鲜卑族的内附,虽然东部鲜卑社会生活由游牧经济转向半农半牧经济,但大部分鲜卑部族依然保持着朝贡制度部族的身份,直到慕容鲜卑建立政权,才完成由朝贡部族向编户齐民的身份转化。在中原王朝政治制度的影响下,诸燕政权在东北边疆地区发展为以其为中心的朝贡制度,并为北魏政权继承,承晋启魏,成为东北边疆地区朝贡制度发展史中不可或缺的一部分。

四、从塞北游牧到定都洛阳

随着晚期各部鲜卑与中原文明不断融合,对自身的改造不断深入,鲜卑人的思想开始发生变化。以晚期鲜卑慕容部为例,中原于西晋末年遭受了石勒之乱,汉族士大夫及在中原地区的普通农民为了避难纷纷向辽东迁徙,这一情况对慕容鲜卑统治下的政治、经济、文化各方面产生了十分重大的影响。《晋书》中记载"教以农桑法,制同于上国"[1]"其依魏晋旧法"。这里的"魏晋旧法"指的是魏晋的制度。这些就是汉晋的制度在辽东鲜卑的社会中开始流行,并逐渐成为了主要的生活文化形态。

慕容鲜卑的汉化,究其原因:一方面是因为在辽东时期,慕容廆父子因为效忠晋室而闻名,颇有威望。在南下之后,改革措施在文化政教方面都以魏晋为宗。

一方面在于网罗战乱期间大量流亡到辽东地区的中原士人,接纳人才为己所用。利用这些中原知识分子的管理才能实现了对辽东地区的有效管理和控制。

再有一方面就是通过吸收和接纳大量中原北方战乱地区流亡百姓,并将其按照原籍进行划分和管理。这就使慕容部快速的获得了大量人口,并在短时间之内对这些人口实行了有效控制。由于这些流亡的中原百姓本身都具有先进的农耕经验,加之慕容部

---

[1] (唐)房玄龄:《晋书》卷108《慕容廆载记》,北京:中华书局,1974年,第2804页。

本身的生产方式也已经转变成以农耕生产为主，这一点与中原流亡到此处的百姓无异。所以，慕容部可以快速的安置和恢复百姓的生产生活，增强自身的经济实力和人口规模。

从这几个方面就可以看出，慕容鲜卑作为一个游牧部族的本质已经发生改变，逐渐成为一个忠于中原王朝；崇拜汉文化；尊重汉族士人；重视农耕生产，并将其视为国之根本的民族。慕容廆曾说过"稼穑者，国之本也，不可以不急"[1]。由此可见，慕容鲜卑其实已经与一个中原地方性政权没有什么区别了。

晚期，在西晋末年，东部鲜卑人趁中原混乱之局，开始向中原地区进行大规模的迁徙活动，这与中原汉族出现的向东北迁徙的潮流形成鲜明对比。东部鲜卑在五胡十六国中的特点就是分布地域广，迁徙路线长。晋代的州郡中：平州的昌黎、辽东国，幽州的燕国、北平、代郡、辽西，并州的太原和上党，雍州的京兆郡，司州的河南、平阳、河东、弘农、广平、魏郡，冀州的赵国、中山、常山，青州的齐国、济南、东莱，凡六州二十余郡国，即今河北南部和北部、山东西部北部、陕西的东南部，皆有鲜卑人散居其间，少数鲜卑的官吏戍兵的所驻州郡尚不在内。在向内迁徙的鲜卑人的分布中，河北南部彰德一带是鲜卑、乌桓最集中的地区。

对于慕容鲜卑的人民而言，生产方式上的变化促使生活方式也产生变化。这一点，文献记载虽然不多，但可以从已发现的东部鲜卑墓葬中得到证明。在五十年代末到六十年代初，辽宁北票的房身村曾发现一组3—4世纪的慕容鲜卑墓葬。在这些墓葬中，已经完全看不到畜牧经济的痕迹。墓葬中还随葬有中原地区的货

1　（唐）房玄龄：《晋书》卷108《慕容廆载记》，北京：中华书局，1974年，第2808页。

币，如五铢钱、货泉等。这种情况不仅可以说明，当时慕容鲜卑与中原有十分密切的联系，而且说明他们已深受中原文化的影响。1963年，北票西北的西官营子，冯素弗的夫妇合葬墓被发现，冯素弗是冯跋的弟弟。冯氏的祖籍是河北信都，原是汉人，后来迁徙到慕容鲜卑境内，"遂同夷俗"，逐渐鲜卑化。因此，从他的墓葬中也可反映出当时慕容鲜卑生活状态。墓葬中出土了一套铜漆食具和用器，显然是汉族的高管才有权利使用。这都说明慕容鲜卑中上层人物的生活方式已经与汉族官僚基本相同。墓中还出土了大量的铁制工具，这种随葬工具的风俗虽然不是汉人的，但也说明当时辽河流域的冶铁技术已经达到一定的高度。

如果说慕容部鲜卑是将中原文化高度融合，提高自身文明发展水平的话。段部鲜卑则是将自身视为中原民族一部分。段部鲜卑在《晋书·段匹磾传》中有记载段匹磾的父亲务勿尘段曾经被晋朝封为辽西公。在《北史·徒何段就六眷传》中也曾记载有"徒何段就六眷，出于辽西"。所以，鲜卑段氏应出自辽西。

段部鲜卑的社会地位最初是非常低的。在《魏书·徒何段就六眷传》就记载过段就六眷的伯祖曾经被卖到渔阳乌桓大人家里做奴隶，段部先祖日陆眷早期只是一个被卖到渔阳乌桓大人家中的奴隶。段部鲜卑在很长时间里都是以辽西阳乐和令支作为活动中心向各地发展扩张。公元307年，即永嘉初年晋封段务勿尘为辽西公，居住中心当在阳乐。段务勿尘之后，鲜卑段部的势力日渐强盛，占据辽西一带，负责管理当地的汉人。公元四世纪初期，东部鲜卑当中尤以段部实力最强，常与北面的宇文部鲜卑和东面的慕容部鲜卑发生战争。

段部鲜卑所辖之地，在段末波和段辽统领段部之时达到了巅峰，在公元318—338年这二十年时间里，段部鲜卑控制的疆土是最大的。《石季龙载记》曾有记载："季龙众次金台，支雄长驱入蓟，辽渔阳太守马鲍、代相张牧、北平相阳裕、上谷相侯龛等四十余城，并率众降于季龙"[1]。根据这一段史料记述，从官衔上来说，上述四郡都归属于段部鲜卑。

在公元四世纪初期，也就是十六国出现之前，三部鲜卑之中段部鲜卑实力最强大。晋怀帝继位初年，就封段务勿尘为大单于兼辽西公。段务勿尘的部下，除了其段部子弟之外，尚有飘滑和屠瓮，势力都非常强大，晋朝都册封他们为亲晋王。

永嘉年间，石勒攻打益州，段部鲜卑的军队在王俊的率领下攻打石勒于襄国。石勒派遣诸将出战，皆被段疾六眷击败。疾六眷大造攻具，准备攻城，石勒的军队都非常畏惧。石勒的部将张宾、孔苌对石勒说道："鲜卑之种，段氏最为勇悍，而末柸尤甚，其锐卒皆在末柸所"[2]。这次战争，虽然王俊战败，末柸为石勒俘虏，但段部鲜卑的强悍勇武也得到了世人的公认。

公元318年4月，段匹磾带领部众退出幽州，向南投奔厌次，投靠乐陵的太守邵续。两人合理合保全孤郡，曾数次击败石勒的军队。但没想到段末柸也会来攻打，于是段匹磾出击打败了末柸，将其追至蓟城。但是后方又被后赵侦查了解，于是石虎带领大军将厌次包围起来。公元320年2月，邵续被俘。段匹磾又陷入孤军作战的情况。他苦苦撑至来年的三月，邵洎（邵续的弟弟）投降。段匹磾原本计划单枪匹马走归朝廷，没有成功，还被后赵军俘虏。

---

1 （唐）房玄龄：《晋书》卷106《石季龙载记上》，北京：中华书局，1974年，第2767页。

2 （北宋）司马光：《资治通鉴》卷88《晋纪十》，北京：中华书局，1956年，第2786页。

石勒很敬重段匹磾，以优礼对他，赐封他为冠军将军。但段匹磾没有改变原来的意志，仍然穿着晋朝官服，拿着晋朝的节杖。一年之后，石勒把段部众人杀害。由此可见，段部鲜卑已经将自己视为中原文明的一部分，也表明鲜卑中大部分人已经与中原文明高度交融，成为一体。

慕容部、段部鲜卑只是做到了高度接受中原文化，并将自身视为中原文明的一部分。那么，后来居上的拓跋部鲜卑则在胡汉融合的这条道路上走的更远，在中原大地上建立了封建王朝。拓跋部的鲜卑原先在额尔古纳河和大兴安岭的北段居住，是最初的鲜卑最东北的一支。《魏书·序纪》中有记载：鲜卑之先"积六十七世"。到了成帝毛时期，约是公元前2世纪后期至1世纪前期，"远近所推，统国三十六，大姓九十九"。可知，"国"在文中所指的应该是部落或氏族集团；"大姓"，在文中所指的应该是沃族或者比氏族较小的家支。部落联盟的酋长是"毛似"，称作"皇帝"，在拓跋珪时追加了尊号。大约是公元1世纪的前期，恰好是北匈奴西迁、南匈奴保塞的东汉初年，这一时期，拓跋鲜卑进行了第一次南迁，到达"大泽"。"大泽"是现在的达赉湖，也就是呼伦池。这个地方"方千余里，厥土昏冥沮洳（指沼泽地带），谋更南徙，未行而崩"。现今在呼伦贝尔盟陈巴尔虎旗完工、新巴尔虎右旗札赉诺尔发现的古墓群应该就是拓跋鲜卑第一次南迁时产生的文化遗迹，这些痕迹表明了拓跋鲜卑确实在呼伦贝尔大草原定居过，当时拓跋鲜卑还处于原始社会末期的部落联盟阶段，过着""畜牧迁徙，射猎为业"的游牧生活。

到了献帝时期，一方面"七分国人，使诸兄弟各摄领之，乃分其氏"（"七分国人"后七国与拓跋氏组成了"鲜卑八国"，这七国指的是拔拔氏、普氏、纥骨氏、丘敦氏、伊娄氏、达奚氏和俟亥氏），后又下令组成帝室十姓，即增加车焜氏和乙旃氏；另一方面呼伦池地处边缘，它的条件不能够建立城邑，加上拓跋氏的社会在不断发展，部落首领为扩大自己的统治范围、壮大部落，就一定会向南部自然条件优越的地区迁徙、和扩张。于是第二次南移就准备开始了。献皇帝此时已年老体衰，于是将位置传给了他的儿子，即圣武帝诘汾。诘汾带领众人向南迁移，几番风险的之后到达了匈奴的故地。匈奴故地是今河套北部固阳阴山一带，这里是进行游牧的好场所，水草肥美，且地理位置很接近中原文化地区。汉代初期，在拓跋鲜卑首领讳毛的统领下，拓跋鲜卑已经成为一个统领三十六国、有九十九个大姓，威振北方的大部落。而东部鲜卑，则是在东胡部落被匈奴击溃后才退至鲜卑山的。虽然，二者均属于东胡部落。但是，由于拓跋部落地处偏远，与中原地区政权没有什么交集。所以，才导致拓跋鲜卑部落没有什么记载和名声。在进入匈奴故地后，拓跋鲜卑与留居故地的残余的匈奴融合到一起。残余的匈奴加入了拓跋鲜卑，和拓跋鲜卑通婚，逐渐被鲜卑部族同化。拓跋的力微时期吸收了很多异姓的部落，约为七十五个。其中属于匈奴部族的有很多，如贺赖氏、须卜氏和破六韩氏。据有学者研究可知，"拓跋"之义，其实是鲜卑与匈奴结合的后代。《魏书·序纪》有记载，力微是圣武帝与天女的儿子。这个带有具有神话色彩的传说，在一定程度上反应了鲜卑与匈奴之间通婚、融合的情况。在这之后，也有其他民族加入拓跋鲜卑，如汉民、乌桓等，成为拓跋鲜卑的部众。

　　拓跋鲜卑的第三次迁徙发生于公元220至公元277年。圣武帝的长子秃发匹孤单枪匹马地率领宗族从塞北迁到河西。这里的

"秃发"指的也是"拓跋",是"拓跋"的异译。当时的人看见拓跋部众都梳辫,所以又唤他们"索头"或"索虏"鲜卑,以称谓上的不同区分他们是哪一支鲜卑部。在上谷的西部、云中一带,拓跋鲜卑开始生活。西部鲜卑大人蒲头总是进行袭击,导致拓跋本支部众离散,只能依附于五原郡没鹿回部大人窦宾之下。在其依附于窦宾时期,它与窦宾一起攻打西部,力微帮助了窦宾,于是窦宾念其相助之恩,让他们在长川居住。在十几年后的发展后,旧部渐渐地重新归附拓跋力微。

公元248年,即曹魏正始九年,窦宾去世,窦宾临死之时曾告诫其子"使谨奉始祖"[1]。但其子并未听从窦宾的嘱托"乃阴谋逆"。拓跋诘汾杀了窦宾的儿子,吞并了他们的部众,让诸部首领臣服,拓跋力微控制的骑士高达20余万。

公元258年,在位第三十九年的拓跋力微迁至定襄的盛乐。并在当年的四月举行了祭天大典,各部君主都来参加祭典,只有白部仅是观望而不到场,因为这样的原因,拓跋力微将白部的将领杀掉了,以此威慑远近的各部,归附拓跋力微。拓跋部在部落大会上正式拿到了整个部落联盟的领导权,拓跋力微因为这件事巩固了大酋长的权威和地位。

同时,拓跋鲜卑决定向西南发展,在此过程中,拓跋鲜卑主要采取与曹魏和西晋交好的政策,这使得拓跋鲜卑变得更加强盛。拓跋力微与曹魏"聘问交市,往来不绝",从曹魏那拿到了不少的金钱。

在经历北魏道武帝、孝文帝等时期的政治改革之前,拓跋鲜

---

[1] (北齐)魏收:《魏书》卷1《帝纪第一》,北京:中华书局,1974年,第3页。

卑社会文化与经济生活方式还未发生太大变化,在大规模进军中原地区之前,从社会组织形式上,鲜卑人大体上还处在较早期的封建家长奴隶制阶段。经济生活以游牧为主,逐水草而居,各部落牧民散落于各自的势力范围内放牧而生。部民定期向各部大人或渠帅交纳相应数量的畜税,并按时服兵役、徭役等。之后,号称八部和"内入诸部"的大人,又将部分畜税上送给了各部联合的盟主。四方诸部大人以及渠长和盟主,都处于一个近似"岁时朝贡"的隶属关系中。而发展至拓跋部的北魏,他们也逐渐向封建化转变,并有很大比例的部民因受汉化影响,而进行了农村的定居生活。至道武帝、孝文帝等北魏诸君厉行汉化改革之后,拓跋鲜卑的封建化已基本完成,鲜卑人也大多完成了汉化,抛弃了过往的游牧生活,开始了如中原农民一样的农耕生活。

拓跋珪在创建北魏政权并进取中原的过程中,实行了许多举措,以满足对中原的军事需求,并推动了鲜卑的封建化进程。

首先,拓跋珪注意延揽人才,大量吸纳汉族士大夫,并建立了王朝典章制度,成立了北魏皇朝。在保留了汉族原有的土地制度并利用了汉族原始的租税制度的同时,拓跋氏和汉族世家豪强之间又逐渐地互相交流结合。

其次,命令离散诸部,分土居住,变部民编入本国内。拓跋珪于公元386年四月,称魏皇帝,将四方或内入诸姓部落解散,帝室十姓部落也不例外,将各部首领与其部民分开,使其脱离关系,将部民编入北魏户籍内部,分给土地,促使其向农耕生活和定居生活转变,不得随意迁徙。天兴初年,第二次下令"离散诸部,分土定居,不听迁徙,其君长大人皆同编户"[1]。并推行"制天下男女,计口受田"[2]的措施,推动人民向农耕生活转变的进程。天各一方的部民,皆置中大夫或别帅管理。至公元四五七年正月,由诸部护军各为太守管理,编户齐民政策基本完成。而孝文帝时三长制和均田制的实施,进一步推动了拓跋鲜卑人和汉族的错居杂处,民间交流交融更加深入。

等到拓跋嗣即位时仍遵循封建化的教育方针,注意任用贤才,并推动农业发展。公元四一三年,与奚斤等大破越勤倍尼部,迁二万余家以归,后又把新降人全部划归大宁川(河北宣化市一带),给以农器,授予田地。

北魏初期,农民通过"计口受田"及"离散诸部、分土定居",农业已形成了北魏的基本社会经济主体,而畜牧仍处于主要地位,当遇荒年歉收后,就必须依靠畜牧经济补充生活。国家草场和私人牧场的畜牧活动都十分兴旺。由拓跋鲜卑人所创建的北魏政权,历时将近百余年,尤其在公元471—490年的孝文帝元宏太和时期,在各族人民反抗战争的冲击下,为平息各项社会问题,并加强对北魏时期在中原的治理,孝文帝及其祖母冯太后在前代魏逐渐汉化的基础上,大力革新,促使北魏时期政治更加封建中央集权化,而鲜卑人也日益汉化。

第一,创颁"均田令",改租调力役制度,初立三长制,实行百官俸给制度,改定典礼、中央官制、律令制度等,促进了北魏的封建化进程。

---

[1] (北齐)魏收:《魏书》卷83《外戚列传上》,北京:中华书局,1974年,第1812页。

[2] (北齐)魏收:《魏书》卷60《韩麒麟传》,北京:中华书局,1974年,第1333页。

第二，迁都洛阳后，更有利于吸收汉族封建文化，和汉族地主阶级的合作。

第三，严禁鲜卑人着胡服、朝上说鲜卑语，并主张改鲜卑姓氏为汉姓，定姓族名，说汉语，著汉服文化，又提倡鲜卑人和汉族通婚。并逐渐与汉族世家合流，促使胡汉之间逐渐消除隔阂，将双方的政治利益联系在一起，共同致力于北魏政权的建设与巩固。

综上所述，道武帝、孝文帝等在经济、政治、文学、社会习俗等方面都极力进行了汉化，推动北魏政权封建化，促使胡汉融合，巩固政权。同时，均田制等制度的推行，恢复和发展了农业生产。各项汉化的举措，在客观上促进了鲜卑本身的发展壮大，并推动了鲜卑等族和汉族文化的融合。

由发祥地"大鲜卑山"迁徙到"大泽"再迁徙进入"匈奴故地"，这两次大规模的迁徙，实际上是一个历史过程的两个阶段。从地域空间上看，迁徙的地域范围始终处于游牧文化影响之内，但却影响到了拓跋鲜卑社会的各个层面。不断地迁移带给拓跋鲜卑文化与其他少数民族更多地交流机会、更加开阔的视野、生产力水平不断提升、社会发展不断加速。特别在汉族先进文化的影响下，拓跋鲜卑社会发展极为迅速。

在经过了魏晋南北朝时期和汉族的错居杂处和通婚后，大部分鲜卑都被同化为汉族。而鲜卑慕容部则以散居形态融入到了汉族和拓跋鲜卑中去。隋朝、唐后期，拓跋鲜卑人也终于彻底地被汉化。鲜卑等少数民族在经济政治上逐渐与汉族统治阶级和汉族地主融合，尊崇儒学，大量使用汉制，而农业经济也逐渐在内迁鲜卑诸部发展起来，社会生产水平逐渐向汉族靠拢。

隋、唐二朝及其以后，鲜卑作为主要政治实体与民族形式，虽已被民族大融合的潮流湮没，不复为人们提起。但众多鲜卑化的汉人或鲜卑后裔在政治角逐中的影响与在朝中的重要地位却不容忽视。隋、唐两朝的开始者均为已鲜卑化的汉族，其母族、妻族也多是已汉化的鲜卑人，其先祖也多在中国北魏、北周、北齐朝中历经显宦。满朝文武大员、达官显贵，鲜卑后裔的也为数不少。鲜卑已经彻底融入中华民族大家庭当中，成为不可分割的一部分。